'종의 기원'의 정밀 분석

'종의 기원'의 정밀분석

발행 2018년 9월 28일

지은이 윤길중
발행인 윤상문
디자인 표소영, 박진경
발행처 킹덤북스
등록 제2009-29호(2009년 10월 19일)
주소 경기도 용인시 기흥구 동백동 622-2
문의 전화 031-275-0196 팩스 031-275-0296

ISBN 979-11-5886-149-0 (03230)

Copyright ⓒ 2018 윤길중
이 책은 저작권법에 따라 보호받는 저작물이므로 무단전재와 복제를 금지하며,
이 책의 내용의 전부 또는 일부를 이용하려면 반드시 저작권자와 킹덤북스의
서면 동의를 받아야 합니다.

※ 잘못된 책은 구입하신 곳에서 교환하여 드립니다.
※ 책 가격은 표지 뒷면에 있습니다.

 킹덤북스(Kingdom Books)는 문서사역을 통해 하나님의 나라를 확장하고, 한국 교회와 세계 교회를 섬기고자 설립된 출판사입니다.

'종의 기원'의 정밀 분석

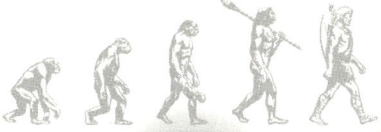

The thorough analysis of THE ORIGIN OF SPECIES

다윈의 '종의 기원'은 창조론을 말한다!

• 윤길중 지음 •

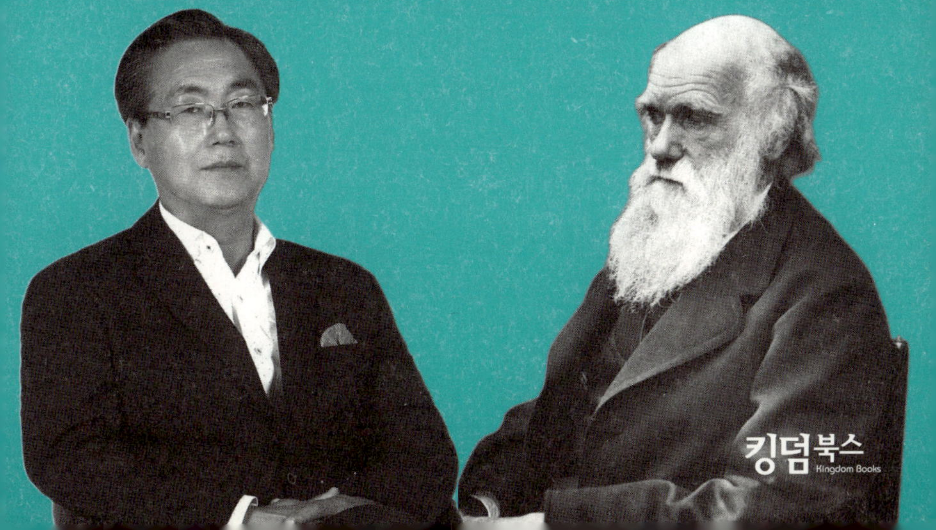

킹덤북스
Kingdom Books

'종의 기원'의 정밀 분석

The thorough analysis of THE ORIGIN OF SPECIES
다윈의 '종의 기원'은 창조론을 말한다!

차례

머리말   6

I. 서론   9

II. 본론   18

   1) 종은 개별적으로 창조되지 않았다   18

   2) 진화에 대한 현대 과학의 입장   31

   3) 진화론주의적 사고란 무엇인가?   37

   4) '종의 기원'은 무엇을 말하고 있는가?   44

III. 결론   136

References   141

머리말

율법은 안식일을 지키라고 했다. 그러나 율법 선생들은 율법을 지키기 위하여 안식일에는 물에 빠진 사람조차도 구해서 안 된다고 하였다. 율법은 하나님이 주신, 사람의 세상사는 법이고, 율법주의는 인간인 율법선생들이 만들어낸 사고방식이다. 그러므로 율법과 율법주의는 구별되어야 한다.

똑같은 논리로, 진화론과 진화론주의도 구별되어야 한다. '진화'란 다윈이 피땀 흘려 도출한 자연의 경향성으로 눈에 보이고, 현대 과학으로 확인되는 위대한 법칙이다. 그러나 원숭이가 진화하여 사람이 되었다는 식의 진화론주의적 사고방식은 다윈 후대의 인간들이 만들어낸 것으로 과학으로 확인되지 않는, 확인될 수 없는 것이다. 그러므로 진화론과 진화론주의도 구별되어야 한다.

다윈의 저서 '종의 기원'의 주제는 한마디로 "종은 개별적으로 창조되지 않았다(Species had not been created separately)"이다. 진화론주의자들은 이것을 "종은 창조되지 않았다"로 해석하였다. 다윈이 창조를 긍정하고, 모든 이론을 그 바탕 위에서 펼쳤음에도 불구하고 진화론주의자들은 '개별적으로(separately)'란 말의 정확한 의미를 간파하지 못하는 우愚를 범함으로써 다윈이 창조의 사실을 부정했다며, '화학진화'라는 용어까지 만들어냈다. 과학에 '화학진화'라는 말은 없다. 본서의 목적은 "종은 개별적으로 창조되지 않았다"의 의미를 정밀하게 분석하는 것이다.

한편 일부 크리스천들은 '진화'라는 말을 들으면 알레르기 반응을 보인다. 진화론은 창조론의 반박이론이며, 하나님을 믿는 신앙인으로서 용납할 수 없는 것이기 때문에 무조건 경원해야 할 것으로 생각한다. 그러나 이런 태도는 다윈이 말하는 '진화'가 무엇인지, 다윈이 '종의 기원'에서 무엇을 말하는지 정확히 모르는데 기인한다. 이 점을 첨언한다.

우암산 기슭에서
이학박사 윤길중

I. 서론

 성경의 첫머리는 "태초에 하나님이 천지를 창조하시니라"로 시작하고, 크리스천들은 "전능하사 천지를 만드신 하나님 아버지를 내가 믿사오며"로 시작하는 사도신경으로 신앙을 고백한다. 그런데 이것이 근본적으로 틀렸다고 하는 사람들이 있다. 천지만물은 하나님이 창조한 것이 아니라 진화(evolution)라는 자발적 과정에 의하여 저절로 생성되었다고 한다. 그래서 '창조론과 진화론의 충돌', '창조론과 진화론의 승부', '창조론의 위기' 등으로 창조론과 진화론을 맞대놓고, 이제 창조론은 폐기되어야 할 운명에 있는 것처럼 말한다. 진화론주의자들이 바로 그들이다. 이것이 사실이라면 성경으로 평생 설교하는 사람은 무엇을 말하는 사람이며, 또 평생 그 설교를 듣는 평신도는 무엇을 듣는 사람인가?
 이런 사고방식이 나오게 된 것은 1859년, 영국의 생물학자 다윈(C. Darwin, 1809~1882)이 '종의 기원(The Origin of Species)'이라는 책을 세상에 내놓으면서부터이다. '종의 기원'은 사상이나 이데올로기를 담은 철학이나 인문서가 아니다. 다윈이 지구를 한 바퀴 돌면서 지구 구석구석의 자연을 관찰한 뒤 자신이 본 것, 들은 것, 실험적 사실, 그리고 많은 과학자들이 연구한 것들을 집대성한 과학노트이다. 그러므로 '종의 기원'의 이해는 사유思惟나 명상瞑想이 필요한 것이 아니고, 물리학, 화학, 생물학, 지질학, 유전학, 분류학, 입자물리학, 형태학, 발생학 등 다양한 자연과학 분야의 상식이 뒷받침되어야 한다.

다윈은 '종의 기원'에서 자신의 이론을 기술하면서 '창조'와 '개별적 창조'의 두 언어를 사용하였다. 전자는 조물주의 창조 사실을 긍정하기 위하여, 후자는 생명체가 불변이라는 사실을 부정하고 변이(진화)한다는 사실을 강조하기 위하여 사용했다.

Generally the term includes the unknown element of a distinct act of creation. [Ref. 1, Chap. 2, p 50.]
일반적으로 이 용어(종)는 분명한 '창조'의 행위라는 미지의 요소를 포함하고 있다.

Until recently the great majority of naturalists believed that species were immutable productions, and had been separately created. [Ref. 1, An historical sketch, p 7.]
최근까지 대부분의 학자들은 종은 불변하는 것이며 '개별적으로 창조'된 것이라고 믿어왔다.

'개별적 창조'(separately created)는 '독립적 창조'(independently created), '특별한 창조'(specially created)로 표현되기도 한다. '창조'와 '개별적 창조'는 완전히 다른 뜻을 갖는다. 다윈의 진화론을 이해하려면 먼저 이 두 언어가 갖는 의미상의 차이를 정확히 구별할 수 있어야 한다. 다윈은 '창조'를 긍정하고 '개별적 창조'를 부정하였다. '개별적 창조'의 부정은 진화를 말하는 것으로, 다윈이 부정한 것은 '창조'가 아니라 '개별적 창조'이다. 진화론을 창조론의 상대론이라고 맞대놓은 것은 '창조'와 '개별적 창조'를 구분하지 못하고, 이 둘을 하나의 개념으로 이해한 진화론주의자들의 근본적 오류에서 비롯되었다. 그리고 그 결과가 확장되어 일반의 사고思考를 오도한 것이다.

> ⋯⋯ we can see why it is that no line of demarcation can be drawn between species, commonly supposed to have been produced by special acts of creation, and varieties which are acknowledged to have been produced by secondary laws. [Ref. 1, Chap. 15, p 446.]
> 특별한 창조 행위에 의하여 만들어진 종과 2차 법칙(진화)에 의하여 만들어진 변종 사이에 경계선을 그을 수 없는 이유를 알 수 있다.

다윈은 창조를 1차 법칙, 진화를 2차 법칙으로 나누고 창조의 바탕 위에 자신의 이론을 기초하였다. 인간의 한계를 인식하고 '창조자의 계획'(the plan of the Creator)은 참으로 장엄하다고 감탄한 사람이었다. 그럼에도 불구하고 진화론주의자들은 다윈을 창조론 부정의 원조元祖라고 한다.

하나님이 옳은 일을 하시느냐, 하나님이 하시는 일이 옳으냐 묻는다면 정답은 후자이다. 하나님이 하시는 일이 옳다. 율법이란 하나님이 주신 법이다. 그래서 옳다. 그러나 율법주의자들은 율법을 지키기 위하여 안식일에 물에 빠진 사람도 건져서는 안 된다고 하였다. 율법주의는 하나님이 주신 율법을 인간인 율법주의자들이 임의로 변경시켜 만든 것이다. 그래서 틀린 것이다. 따라서 율법과 율법주의는 구별되어야 한다.

앞서 필자는 '진화론주의'라는 용어를 도입하였다. 진화론적 사고방식을 의미한다. '진화'는 다윈이 발견한 자연의 현상이고, 열역학 제2법칙에 의하여 일어나는 생명체의 경향성이며, 현대 과학으로 증명되고 확인된다. 그래서 맞다. 그러나 '진화론주의'는 다윈을 정확히 이해하지 못한 후대의 바리새파 진화론주의자들이 다윈의 사실을 임의로 변형시키고, 그 사고 틀만을 차용하고 확장시켜 구성한 개념이기 때문에 과학적 근거가 없다. 율법이 율법주의와 구별되어야 하는 것처럼, 똑같은 논리로 진화론과 진화론주의도 구별되어야 한다.

작금의 학교교육은 진화의 과학적 의미를 가르치지 않고, 진화론주의적 사고방식만을 가르쳐옴으로써 우리는 진화의 정확한 개념을 모른 채 진화론주의적 사고에 세뇌

되어 있다. 그것의 전형이 '원숭이가 진화하여 사람이 되었다'고 하는 논리이다. 이 말을 들어보지 않은 사람은 없을 것이다. '진화론'이라는 용어를 세상에 처음 도입했던 사람이 다윈(C. Darwin)이기 때문에, 저 말을 한 사람은 당연히 다윈일 것이라고 생각한다. 그러나 다윈이 한 말이 아니다. '신은 죽었다'를 말한 니체(F. Nietzsche)이다. 『자라투스트라는 이렇게 말했다』의 서문에 그는 다음과 같이 기술하고 있다.

> Ihr habt den Weg vom Wurme zum Menschen gemacht, und vieles ist in euch noch Wurm. Einst wart ihr Affen, und auch jetzt noch ist der Mensch mehr Affe, als irgend ein Affe.(Also sprach Zarathustra, F. Nietzsche, Alfred Kröner Verlag Stuttgart, 1969, p. 8)

> "당신들은 벌레에서 인간으로의 길을 걸어왔다. 그리고 당신 안의 많은 것들은 여전히 벌레와 같다. 한 때 당신들은 원숭이였고, 또한 지금도 인간은 그 어떤 원숭이보다 더 원숭이이다."

'종의 기원'이 1859년에 출간되었고, 니체가 1844~1900년의 사람이니 그의 뇌리에 들어있는 진화론주의적 개념은 분명 다윈을 읽고 형성된 것일 것이다. 그리고 그의 '종의 기원'에 대한 이해 불충분으로 형성된 사고방식이 세상 사람들의 지능을 1세기 이상 오도誤導해 왔다. 우리의 족보에 원숭이가 있다는 말이다. 그러나 이런 사고방식은 다윈이 군함 비글호를 타고 지구를 한 바퀴 돌면서 갈라파고스 섬에서 무엇을 보았고, '종의 기원'이 무엇을 말하는지 정확히 몰라서 하는 소리이다. '진화론'과 '진화론주의'가 엄격히 구별되어야 할 이유가 여기에 있다.

동물원의 철창에 갇혀 노는 원숭이를 보고, 저것을 우리의 할아버지라고 생각한다면 참으로 자존심 상하는 일이다. 그러나 '창조'와 '개별적 창조', '진화론'과 '진화론주의'의 개념을 정확히 구분하지 못한다면 '종의 기원'의 핵심을 비켜갈 수밖에 없는 것이고, 저것을 아니라고 딱히 잘라 말할 수 없다.

"누가 원숭이가 사람이 된다고 하더냐? 누가 창조를 부정하였더냐?"라고 물으면 진화론주의자들은 다윈이 그랬고, 근거는 '종의 기원'이라고 한다. 그러나 다윈은 '종의 기원'에서 그런 말을 한 적이 없다. 기본적으로 창조를 전제한 사람이었고, 분명한 진화의 과학적 사실을 말하면서 증거불충분으로 인한 한계를 깨닫고, 생명출현의 문제는 '창조주'에게 넘겼던 사람이다. 이런 사실들은 진화론주의자들과 함께 '종의 기원' 속으로 들어가 하나씩 살펴보면 쉽게 확인된다.

진화현상의 발견은 생명체가 불변이라는 세상의 잘못된 지식을 바로잡는 위업이었다. 그럼에도 불구하고 아직도 계속되고 있는 저 논쟁은 '종의 기원'을 완벽하게 이해하지 못한 바리새파 진화론주의자들의 천착舛錯이나 어설픈 지식의 기교技巧에서 비롯되었다. 그리고 이것이 '창조'의 장엄한 사실을 경탄했던 다윈에게 '창조론 부정'의 원조元祖라는 누명을 씌웠다. 여기에 다윈의 명예를 회복시키고, 나아가 창조자의 영광을 가리는, 진화론주의자들에 의하여 드리워진 구름 한 조각을 걷어내고자 한다.

다윈이 자신의 이론을 기술하기 위하여 사용했던 구체적 현상과 예는 가능한 한 축약하되 진화에 대한 자신의 견해를 창조와 관련지어 설명한 것은 망라하여 발췌하고, 그것들의 의미를 서술하였다. 내용전개는 Reference 1, C. Darwin, The origin of species, London: J. M. Dent & Sons Ltd. New York: E. P. Dutton & Co. Inc. 1951을 근간으로 하였다.

II. 본론

1) 종은 개별적으로 창조되지 않았다

'종의 기원'의 주제를 한마디로 요약하면 "종은 개별적으로 창조되지 않았다(Species had not been created separately)"이다. 이것이 과학자 다윈의 핵심이다. 그는 이 명제의 증거를 찾기 위하여 지구를 한 바퀴 돈 것이고, '종의 기원'은 그 과정에서 얻은, 이 명제가 진실임을 뒷받침하는 증거들을 수록한 책이다.

'종의 기원'을 대할 때 제목이 주는 뉘앙스는 '생명(life)의 기원' 또는 '생명체(organic being)의 기원', 즉 생명(life)은 어디로부터 왔는가, 생명체(organism)는 어떻게 시작되었는가를 상술하려 한다는 선입견을 준다. 그러나 다윈이 사용하는 '종'의 의미는 이것이 아니다. 생물의 분류방식인 '문강목과속종門綱目科屬種'의 마지막 단계인 종(species)

을 의미한다. 용어 '종'이 사용된 예를 살펴보면 이것은 쉽게 확인된다.

1장 3절 '사육변종의 특성'에서 현존하는 개의 종류를 언급하면서, 이탈리안 그레이하운드, 블러드하운드, 불독, 불렌하임, 스패니얼 등은 겉보기 모습은 닮지 않았어도 단일종(single species)의 자손이며, 교잡으로 형질이 다른 것을 얻을 수 있다고 하였다. 1장 4절의 '집비둘기의 종류와 그들의 차이 및 기원'에서 비둘기의 품종, carrier, short-face tumbler, runt, barb, pouter, turbit, jacobin, trumpeter, laugher 등을 언급하면서 비둘기의 종류는 아종(sub-species)을 포함하여 20종(well-defined species)은 될 것이라고 말하고 있다. 그리고 이것들을 교배시키며 체질, 습성, 소리, 털의 색깔 및 구조 등이 어떤 변화를 보이는지 살펴본 뒤, 이 모두는 들비둘기 Columba livia에게서 나온 것이 확실하다고 말하고 있다.

이런 사실들은 그가 사용하는 용어, 종種이 생명이나 생명체의 기원을 의미하지 않고 우리가 관찰할 수 있는 현존 개나 비둘기의 품종을 가리키는 것이므로, 그가 말하는 종(species)은 앞서 언급된 분류학의 마지막 단계인 종(species)을 지칭하는 것을 알 수 있다.

종(species, 種)이란 무엇인가? 종의 사전적 정의는 짝짓기하여 번식이 가능한 개체군을 말한다. 미국소와 한국소를 교미시키면 송아지가 나온다. 흑인과 백인이 결혼하면 자손을 생산할 수 있고, 암말과 수당나귀를 교미시키면 노새가 나온다. 이것은 종이 같기 때문이다. 그러나 토끼와 닭, 염소와 돼지, 말과 코끼리의 교미는 어떤 것도 생산하지 못한다. 종이 다르기 때문이다. 종의 구분은 이처럼 쉽다. 그러나 그렇지 않은 경우가 우리 주위에 흔하다.

넙치(flat fish)는 알에서 부화해 나오면 붕어나 피라미처럼 수직을 유지하면서 이동하는데, 이것이 자라면서 왼쪽으로 눕는 것이 있고, 오른쪽으로 눕는 것이 있다. 왼쪽으로 누운 것을 '광어'라 하고, 오른쪽으로 누운 것을 '도다리'라고 한다. 둘을 맞대놓으면 좌우대칭이기 때문에 눈자루가 돌아간 방향을 보면 어느 쪽으로 누운 것인지 쉽게 알 수 있다. 여기서 광어와 도다리를 완전히 다른 동물, 다른 품종이라고 단정할 수 있을까?

열대지방의 고추와 우리나라의 고추는 잎과 줄기의 모양, 높이, 맛이 같다. 그런데 고추열매가 줄기에 달린 모습을 보면 우리의 고추는 땅을 향하고, 열대지방에서 재배하는 고추의 어느 종은 하늘을 향하고 있다. 이 둘은 종이 다른 식물일까? 집돼지는 가축이고 멧돼지는 야생이며 생김새도, 성질도 다르다. 멧돼지는 집돼지보다 사납고 거칠다. 이 둘을 완전히 다른 동물이라고 할 수 있을까?

제주도에서 생산되는 감귤은 그 맛이 싱그럽기 때문에 누구나 즐겨 먹는 과일이지만 탱자는 너무 시어서 맛을 본 사람들은 모두 얼굴을 찡그린다. 사람들은 탱자를 과일이라고 부르지도 않는다. 그런데 감귤의 씨를 심으면 그 열매는 절대로 감귤이 아니다. 반드시 탱자가 나온다. 귤과 탱자는 완전히 품종이 다른 식물일까?

한국의 대추는 엄지손 한 마디 크기이나 중국 서안(西安)에 가서 먹어본 대추는 주먹만 하다. 하나를 먹어도 요기가 된다. 300km 상공에서 내려다보면 서울과 서안은 한눈에 들어온다. 하나님이 대추를 만드실 때 한국에 오셔서 작게 만드시고, 중국에 가서서 크게 따로 창조하셨을까?

한국 대추와 중국 대추는 완전히 다른 식물일까?

'종이 개별적'이라는 말은 광어와 도다리, 열대 고추와 우리나라 고추, 집돼지와 멧돼지, 귤과 탱자를 각각 다른 동물, 다른 식물로 확정하여 분류할 수 있다는 의미이다. 그러나 우리는 저것들을 완전히 별개의 것이라고 말하기 곤란하다. 낙지, 꼴뚜기, 주꾸미는 크기만 다를 뿐 모양새는 일치한다. 빨간 장미와 흰 장미, 진달래와 철쭉, 도토리와 상수리, 수양버들과 개버들, 단봉낙타와 쌍봉낙타……, 이것들을 서로 다른 동·식물로 구분하기는 매우 애매하다. 흑인, 백인, 황인을 놓고 다른 동물이라고 할 수 없다. 분류학상 형제쯤으로 보는 것이 타당하다. 이처럼 종을 구분하는 경계선이 불분명하고 애매한 경우는 얼마든지 있다. 그 이유를 다윈은 다음과 같이 설명하고 있다.

> In considering the Origin of Species, it is quite conceivable that a naturalist, reflecting on the mutual affinities of organic beings, on their embryological relations, their geographical distribution, geological succession, and other such facts, might come to the conclusion that species had not been

independently created, but had descended, like varieties, from other species. [Ref. 1, Introduction, p 18.]

종의 기원을 생각할 때 생물의 유사성, 발생학적 관계, 지리적 분포, 지질학적 연속성 및 기타 사항들을 검토해 보면 종이 독립적으로 창조된 것이 아니라 변종처럼 다른 종으로부터 유래했다는 결론에 도달할 수 있다.

생명체의 생존은 발생과정, 기후의 지리적 다양성, 제한된 먹이의 양 등, 외부적 요인에 의하여 영향을 받는다. 혹독하게 변하는 환경에 적응하려면 생명체는 스스로 변화될 수밖에 없는데, 다윈은 이 변화과정을 자연도태(natural selection)라고 하였고, 그 변화 속에서 살아남는 것을 적자생존(the survival of the fittest)이라고 하였다.

동일한 종이 적자생존을 위하여 도태할 때 그 변화는 임의적(random)이기 때문에 동일한 종이라 할지라도 변화의 방향을 예측하는 것은 불가능하다. 따라서 동일종의 형태는 다양할 수 있다. 이렇게 얻어진 다양한 동일종의 형태를 각각의 다른 생명체로 볼 것이냐 아니면 모양이나 형태가 다소 다르더라도 동일 생명체로 볼 것이냐, 이것이 앞서 언급된 종의 구분이 애매한 이유이다. 그러나 그는 독립적으로 창조된 것이 아니라는 결론을 내리고 있다.

다윈은 '종의 기원' 첫머리의 역사적 스케치(An historical sketch)를 다음과 같이 시작하고 있다.

> Until recently the great majority of naturalists believed that species were immutable productions, and had been separately created. [Ref. 1, An historical sketch, p 7.]

> 최근까지 학자들 대부분은 종은 불변하는 것이며 개별적으로 창조된 것이라고 믿어왔다.

중세의 사람들은 생명체는 불변의 것이라고 믿어왔다. '종은 불변하는 것'이라는 논리에 근거한다면 동일종의 형태가 약간씩 다른 것들은 각각이 다른 종이라는 의미이다. 빨간 장미, 노란 장미, 흰 장미, 분홍 장미, 보라색 장미는 모두 다른 종, 다른 식물이라는 뜻이다. 그리고 '개별적으로 창조된 것이라고 믿어왔다'의 과거완료는 지금까지 그렇게 믿어왔으나 그것은 잘못된 것이며, 종은 변하는 것이 참(true)이라는 것을 말하고자 하는 것이다. 서문에 다음과 같이 기술하고 있다.

> Although much remains obscure, and will long remain obscure, I can entertain no doubt, after the most deliberate study and dispassionate judgment of which I am capable, that the view which most naturalists until recently entertained, and which I formerly entertained – namely, that each species has been independently created – is erroneous. I am fully convinced that species are not immutable; [Ref. 1, Introduction, p 20.]

많은 것이 애매모호한 상태로 남아있고 또 앞으로도 오랫동안 그럴 것이지만, 신중하게 검토하고 냉정히 판단한 끝에 나는 지금까지 많은 학자와 내가 갖고 있던 견해, 즉 각각의 종이 독립적으로 창조되었다는 견해가 잘못된 것이라는 사실을 확신할 수 있게 되었다. 나는 종이 불변이 아님을 확신한다.

"많은 것이 애매모호한 상태로 남아있고……"는 변이의 정도가 구분이 힘들 정도로 작기 때문에 종을 분류하는 일이 힘든 것을 말하며, "종이 독립적으로 창조되었다는 견해가 잘못된 것"은 동일종 사이에도 경미한 차이가 있음을 확언하는 것이다.

둘째로 '종의 기원' 전체를 통하여 '개별적으로 창조된'(separately created), '독립적으로 창조된'(independently created), '특별히 창조된'(specially created)의 표현이 수없이 나온다. 이것들은 동일한 의미이며, 창조를 말하는 문장에서 '개별적으로'(separately), '독립적으로'(independently), '특별히'(specially)의 관형어가 들어가면 문장의 의미는 반대로 바뀐다.

교장 선생님께서 "시상식을 하지 않으셨다"와 "시상식을 개별적으로 하지 않으셨다"는 다른 의미이다. 전자는 교장 선생님에 의한 시상식이 없었다는 시상식의 부정이고, 후자는 교장 선생님께서 시상식을 하셨으나 한 사람씩 따로따로 상을 준 것이 아니라는, 시상식의 긍정이다. '개별적'이라는 수식어가 들어감으로써 교장 선생님에 의한

'시상식의 거행' 여부는 정반대로 바뀐다.

'창조'와 '개별적 창조'의 의미를 구분하는 것은 '종의 기원'을 이해하는 핵심이다. '이것은 창조로 설명될 수 없다'고 하면 창조의 부정이다. 그러나 '이것은 개별적 창조로 설명할 수 없다'고 하면 창조의 긍정이 된다. 다윈을 읽을 때 '창조'와 '개별적 창조'의 의미를 구분할 수 있다면 '종의 기원'을 정확히 이해한 것이다. 다윈은 '창조'를 긍정하고 '개별적 창조'를 부정한 사람이었다. 그러나 진화론주의자들은 '창조'와 '개별적 창조'의 진의를 구분하지 않고 둘 모두를 한 개념으로 인식함으로써 다윈이 창조론을 부정했다고 하는 것이다. 여기서 문제가 발생한다.

"광어와 도다리는 창조되지 않았다"라고 하면 창조의 부정이다. 그러나 "광어와 도다리는 개별적으로 창조되지 않았다"는 이것들이 창조된 것은 사실이나 각각 별도로 창조되지 않았다. 즉 둘 사이에 변형된 차이가 있다는 뜻이다. 다윈이 갈라파고스 섬에 도착했을 때 해변 모래밭에 똑같은 모양의 수많은 거북이 있었다. 이것들의 등껍데기를 자세히 살펴보니 육각형의 무늬모양이 약간씩 달랐다.

여기서 그는 다음과 같은 의문을 가졌다. "전체적인 겉보기 모양새가 모두 일치면서 등짝의 무늬 형태만 약간 다른 저 거북들이 모두 다른 종의 동물일까? 즉 개별적으로 창조되었을까?" 그는 그렇게 생각하지 않았다. 각각 창조된 것이 아니라 모두 한 종인데 등짝의 무늬만 미세하게 변형된 것이라고 추론했다. 이것이 그가 진화를 확신하게 된 계기이다.

그의 의문에 위 예를 대입시키면 "광어와 도다리, 귤과 탱자, 낙지와 꼴뚜기, 집돼지와 멧돼지 등은 따로따로, 개별적으로 창조되었을까?"가 된다. 그는, 저것들은 개별적으로 창조된 것이 아니고, 다른 동물도 아니며, 형태나 무늬가 부분적으로 다른 것은 발생 또는 성장과정에서 환경에 적응하면서 동일종으로부터 변형되어 나온 것이 유전된 것이라는 결론을 내렸다. 여기서부터 그의 진화론이 시작된다.

사람을 분류학의 방식으로 분류하면 다음과 같다.

계(界, kingdom): 동물계

문(門, phylum): 척추동물문

강(綱, class): 포유강

목(目, order): 영장목

과(科, family): 유인원과

속(屬, genus): 사람속

종(種, species): 사람

속屬의 사람은 지구상의 인류를 총칭하고, 종種의 사람은 흑인종, 백인종, 황인종 등을 가리킨다. 중국은 한족 외에 혈통이 다른 55개 소수민족으로 구성되어 있다. '종이 개별적으로 창조되지 않았다'라는 말은 흑인종, 백인종, 황인종, 소수민족이 개별적으로, 즉 각각 창조된 것이 아니고 사람속屬에서 변이되어 나왔다는 것을 의미한다.

장미의 계통분류는 다음과 같다.

계: 식물계(Plantae)

강: 현화식물문

목: 쌍떡입식물강
과: 찔레과
속: 장미속
종: 장미종

장미속屬은 빨간 장미, 노란 장미, 흰 장미, 분홍 장미, 보라 장미 등의 총합으로 구성된다. 빨간 장미, 노란 장미, 흰 장미, 분홍 장미, 보라 장미는 각각 창조된 것이 아니다. 장미속屬 내에서 변형된 결과이다.

지금까지 상술한 내용을 요약하면 다음과 같다. '이것은 창조론으로 설명할 수 없다'는 창조의 부정이다. 그러나 '이것은 개별적 창조론으로 설명할 수 없다'는 창조의 긍정으로, 다만 종을 이루는 개체가 각각 창조된 것이 아니고 창조된 원종으로부터 변이되어 나왔다는 뜻이다.

다윈은 그의 저술에서 '개별적 창조'로 표현해야 할 것을 '개별적'을 생략하고 '창조'만을 쓴 경우가 있다. 이후 이런 언급이 나오면 그것이 왜 '이것은 개별적 창조론으로 설명될 수 없다'로 해석되어야 하는지, 현상과 관련지어 상세히 설명할 것이다. 이런 행간을 읽지 못하고 위대한 과학자 다윈이 '창조'를 부정한 사람이라고 주장하는 것은 잘못된 일이다.

2) 진화에 대한 현대 과학의 입장

생명체를 구성하는 단백질의 형태(감각기관, 소화기관, 호흡기관, 상피조직, 내장 등)는 세포 속에 있는 유전자인 DNA의 서열에 의하여 결정된다. 해수욕장에 가는 사람은 피부에 썬크림(sun cream)을 바른다. 자외선이 피부를 뚫고 들어가 피부암을 유발할 가능성이 있으므로 자외선의 피부 침투를 막기 위하여 자외선 차단제인 크림으로 피부를 둘러싸는 것이다. 세포분열의 첫 단계인 DNA 복제과정에 자외선이 영향을 미쳐 DNA 서열에 변형을 일으킴으로써 변형된 세포 즉 암세포를 생성할 수 있기 때문이다. 썬크림은 자외선을 흡수하여 그것이 피부 속까지 도달하지 못하게 하는 기능이 있다.

2015년도 노벨화학상 수상자들의 업적은 자외선 및 기타 원인에 의하여 손상 또는 변형된 DNA 서열이 원형으로 복구되는 과정을 설명한 것이다. 그 내용을 요약하면 다음과 같다.

토마스 린달(Tomas Lindahl, 스웨덴)은 유전자 DNA가 복제되는 과정에서 DNA 서열은 변형될 수 있으며, 변형된 것을 골라 수선하는 자연복구시스템이 있다는 것을 처음으로 알아냈고, 폴 모드리치(Paul Modrich, 미국)는 효소가 변형된 DNA 서열을 찾아 수선사 역할을 한다는 사실을 확인했다. 그리고 아지즈 산차르(Aziz Sancar, 터어키)는 손상된 DNA 서열을 수선하는 원리(mechanism)를 밝혔다. 이 성과는 사람의 노화에 대한 이해와 항암제 개발에 이용될 수 있으므로 노벨상을 받을만한 것이라고 한림원은 수상 이유를 밝혔다.

문제는 변형된 DNA의 수선이 100% 완벽하게 이루어지지 않고 일부가 변형된 채로 남아 후손에게 전달된다는 사실이다. 이런 미시적인 DNA 서열의 변형은 딸세포 내에서 하루에도 수백만 건씩 일어나는 것으로 알려져 있다. 사람의 몸을 구성하고 있는 세포의 수는 대략 6조 개라고 한다. 만약 하루에 600만 건의 변형이 일어난다고 가정하면, 이것은 세포 전체 6조의 100만분의 1이다. 그 중의 대부분이 수선되고 변형된 채로 남은 나머지는 극히 미미한 것으로 다음 세대의 겉보기 구조에 전혀 영향을 미치지 않을 것이다. 그러나 수선되지 않고 남은 DNA 정보가 수백만 세대世代에 걸쳐 자손에게 전달되고, 축적되면 비로소 육안식별이 가능한 생물체 외관의 변형을 가져올 수 있다. 여기에 필요한 시간은 얼마가 될지 누구도 모른다.

털스웨터를 사서 하루를 입으면 실오라기 한두 개는 끊어질 것이다. 그것 몇 개 끊어졌다고 털옷의 겉보기나 옷으로서의 본질은 변하지 않는다. 원형은 정상으로 유지된다. 그러나 그것 하나로 100년을 입어보라. 스웨터의 형태와 옷으로서 개념은 사라진다.

다윈의 진화 개념도 마치 이와 같다. 다윈이 말하는 진화의 구조(mechanism)는 현대 과학에서 말하는 유전자 변형의 누적개념이다. 자외선의 영향으로 유전자인 DNA 몇 개가 변형된다하여 직후 세대의 본체가 변하는 것이 아니다. 그러나 이것이 지질학적 시간에 걸쳐 축적되면 비로소 외관이 다른 기형적 변종이 나타날 수 있다. 이것이 돌연변이고, 현대 과학으로 설명하는 다윈의 진화론의 본질이다. 현대의 유전학은 유전자 서열을 임의로 변형시킬 수 있는 단계에 와있다. 자외선에 의한 유전자 변형, 즉 진화는 과학으로 설명되고, 육안으로 확인되는 자연현상이다. 다윈이 활동하던 19세기는 화학, 생물학, 유전학이 지금처럼 발달하지 못한 박물학의 시대였기 때문에, 다윈은 여기에 이르지 못하고 다음과 같이 설명할 수밖에 없었다.

- 한 아버지의 정자와 한 어머니의 난자에서 나온 형제들의 얼굴이 왜 모두 다른가?
- 한 암탉에서 나온 알을 부화하면 깃털색이 왜 모두 다른가?
- 한통의 수박에서 나온 수박씨 발아 줄기의 모양이 왜 모두 다른가?

다윈이 말하는 진화의 개념은 과학적인 것이지 신화적이 아니다. 우리의 족보에 원숭이가 있다는 거창한 의미는 더더욱 아니다. 그는 이것을 "자연은 혁신에 인색하고 변이에 너그럽다"고 하였다. 혁신은 원숭이가 사람이 되는 것과 같은 거시적 변화를, 변이는 거북의 등짝 무늬가 달라지는 정도의 미세한 변형을 뜻한다. 요약하면 다윈의 진화는 유전자 변형에서 출발하는 미시적 현상이다.

최근 유전학의 발달로 얻게 된 지식 중에 진화론주의자들이 진화의 근거로 주장하는 내용이 있다. 원숭이 종種 중에 가장 영리한 것으로 알려진 침팬지의 DNA 서열은 인간의 것과 99% 이상 일치한다. 진화론주의자들은 이 '99% 이상'의 의미를 원숭이가 진화하여 사람이 되었을 가능성의 근거로 삼는다. 그러나 재료가 동일하다 하여 목적물이 일치하는 것이 아니다.

컴퓨터와 텔레비전의 부품은 99.9% 이상 일치한다. 그러나 컴퓨터는 소프트웨어가 있어 수학적 계산과 판단이 가능하지만 텔레비전은 계산하는 기계가 아니다. 텔레비전이 진화하여 컴퓨터가 된 것이 아니다. 모니터가 있어 겉보기로 유사할 뿐 컴퓨터와 텔레비전은 완전히 다른 기계이다.

쥐(rat)와 개(dog)의 DNA 서열도 인간의 것과 98% 이상 일치한다. DNA의 일치도가 진화의 근거라면 쥐도, 개도 진화하여 사람이 될 수 있다. 네 발로 걷던 원숭이가 일어서서 걸으니 그 모습이 사람을 닮았다고 하여 유인원類人猿이라고 한다. 똑같은 논리로 장구한 세월이 흐르면 쥐, 개, 돼지도 일어서서 걸을 가능성이 있다고 할 것이다. 굳이 원숭이뿐이어야 할 필요는 없다.

재료가 동일해도 목적물은 그것을 만든 자의 의지에 달려있다. 지구의 표층을 구성하는 화학원소는 O, Si, Al, Fe, Ca, Na, K, Mg이다. 우리는 흙으로 고려청자도 만들고, 옹기그릇도 만들며, 시멘트로 건물을 짓고, 고속도로도 만든다. 재료가 일치한다 하여 고려청자, 고층건물, 고속도로를 같은 것이라고 말하지 않는다. 시간이 지나면 흙이 저절로 진화하여 청자가 되고, 고속도로가 되는 것이 아니다. 동일한 재료라 할지라도 사람이 어떤 의지를 갖고, 무엇을 만드느냐에 따라 목적물은 달라진다.

장미와 소나무를 구성하는 화학원소는 C, H, O, N, S, P, K, Ca, Mg, Fe로 완전히 일치한다. 구성 원소, 즉 재료가 일치하니 장미가 진화하여 소나무가 되었다고 할 수 있는

가? 사람의 몸을 구성하는 단백질은 C, H, O, N, S로 되어
있다. 원숭이, 쥐, 개의 단백질도 C, H, O, N, S로 되어있다.
재료가 같으니 저것들을 우리의 혈연으로 볼 수 있는가?
같은 재료라 할지라도 조물주의 의지에 따라 다른 형상의
창조물이 얻어진다.

3) 진화론주의적 사고란 무엇인가?

진화론주의자들의 진화 개념을 이해하려면 150억 년
전으로 거슬러 올라가야 한다. 저들이 진화의 개념을 거기
까지 확장시켜 놓았기 때문이다. 다음 시리즈는 150억 년
전 우주생성 초기부터 사람의 출현에 이르기까지 진행되
었다는 진화론주의자들의 진화방식을 압축한 것이다.

① 질점의 대폭발(big bang) → ② 쿼크 → ③ 원자 → ④ 분자
→ ⑤ 아미노산 → ⑥ 단백질 → ⑦ 원형질 → ⑧ 원핵세포 →
⑨ 진핵생물 → ⑩ 원생생물 → ⑪ 척추동물 → ⑫ 포유류 →
사람

i) ①질점의 대폭발(big bang) → ②쿼크 → ③원자 :

과학은 실험으로 확인 된 것을 법칙이라 하고 확인되지 않은 것을 이론이라고 한다. 질점(質點, material point)이란 질량은 있으나 부피가 없는 점을 말한다. 1945년 고에너지 실험을 통하여 새로운 입자가 발견되었고, 1960년대 초강력 입자가속기의 발전으로 수명이 짧아 일시적으로 존재하는 것들까지, 원자를 구성하는 400개 이상의 입자를 확인하였다.

이론을 취급하는 과학자들에 의하면 150억 년 전, 질점이 폭발할 당시 우주는 1.0×10^{32} K의 높은 온도였고, 이후 현재의 우주 평균온도 3 K로 내려오는 과정에서 저 입자들이 형성되었다고 한다. 1970년대 들어 물리학자들은 전자, 광자 및 몇몇 입자를 제외하고 모든 입자는 쿼크(quark)라는 작은 입자로 구성되었다는 사실을 인정하면서 쿼크파동역학(quark wave mechanics)이 출현하였다. 그리고 현대 물리학자들은 쿼크를 본질적 입자라고 단정하지 않는다.

자연과학에 '질량보존의 법칙'이라는 것이 있다. 모든 변화는 유有에서 유有로 변하는 것이지 무無에서 유有가 창조될 수 없다는 자연과학의 기본법칙이다. 질점은 이론적, 개념적인 것이다. ①질점의 대폭발 → ②쿼크 생성은 무無로부터 유有가 발생하는 과정이다. ②쿼크 → ③원자 과정을 설명하기 위하여 다양한 법칙(cf. 중입자수 보존의 법칙, 전자-렙톤 수 보존의 법칙, 렙톤 맛깔 보존의 법칙, 기묘도 보존의 법칙 등)이 필요한데, 이 과정들은 자발적 질서의 생성으로, 자연에 무질서(entropy)도 증가의 경향성이 있다는 자연과학 불변의 진리인 열역학 제2법칙을 벗어난다. 저 법칙들은 현상을 보고 그것을 설명하기 위하여 인위적으로 맞추어 놓은 모델(model)이다. 진화론주의자들은 ①질점의 대폭발(big bang) → ②쿼크 → ③원자 과정에서, 우주생성의 시발점이라는 대폭발(big bang)의 원동력(driving force)이 무엇인지, 원천이 무엇인지, 그리고 후속으로 이어지는 모든 단계의 이행과정을 과학적으로 설명하지 않는다. 또 150억 년 전, 그 이전의 시간은 어떻게 설명할 것인가? 그러나 저들은 이것을 언급하지 않는다.

ii) ③원자 → ④분자 → ⑤아미노산 → ⑥단백질 :

이 과정의 설명은 화학에서 다루는 것으로 필자는 여기에 포함된 ③원자 → ④분자 단계를 수학한 사람이다. 이것을 강의할 때 양자역학(quantum mechanics)이라는 도구를 사용하는데, 원자로부터 분자가 형성되는 과정을 하나의 이론으로 설명할 방법이 없다. 상황에 따라 원자궤도함수론, 혼성궤도함수론, 분자궤도함수론이라는 다른 형태의 이론을 사용하여 설명한다. 그것들의 모양을 교과서에 그림으로 그려놓은 것은 이해가 용이하도록 시스템이 나타내는 성질로 미루어 설정한 상상이다. 슈뢰딩거 방정식(Schrödinger equation)은 100% 정확한 것이 아니다. 미분방정식을 풀어 상수(constant)를 조절하고, 이것을 스펙트럼에 맞추어 설명할 뿐이다. 원자가 결합하여 분자가 되는 방식을 합리화하기 위하여 대증요법적對症療法的으로 시뮬레이션하는 수학적 모델일 뿐이다. 감기의 정확한 원인을 몰라 증상에 따라 이 약, 저 약 먹어보는 것과 마찬가지이다. ③원자에서 ⑥단백질에 이르는 세 단계 모두가 그렇다.

현대는 전자공학의 시대이다. 원자 속에 핵이 있다는 것은 러더포드(E. Rutherford)에 의하여, 핵 주위에 전자가 존재한다는 사실은 톰슨(J. J. Thomson)에 의하여 확인되었다. 핵과 전자는 각각 양전기와 음전기를 띠고 있으며, 그것들의 질량도 알려져 있고, 그것의 특성을 인간의 생활에 이용한다. 그러나 정작 전자의 본질이 물질(particle)인지 파동(wave)인지 구분하지 못하여, 경우에 따라 물질로, 또 상반된 성격을 갖는 파동으로 설명하기도 한다. 단일 이론으로 설명할 방법이 없다. 그래서 전자는 이중성(duality)을 갖는다고 한다. 그리고 전자가 어떤 방식으로 핵 주위에 존재하는지 하나의 이론으로 명쾌하게 설명하지 못한다. 인공위성처럼 돌고 있다고도 하고, 요즈음은 확률함수라는 것으로 나타내기도 한다. 이것이 현대 과학의 현주소이다.

 iii) ⑥단백질 → ⑦원형질 → ⑧원핵세포 → ⑨진핵생물 → ⑩원생생물 → ⑪척추동물 → ⑫포유류 → 사람 :

이것은 일곱의 단계로 이루어져 있다. 전술하였듯이 각 단계는 현대 과학으로 설명할 수 없는 대형 프로젝트이다. 화살표로 연결해 놓은 저 모든 과정들을 진화론주의자들은 어느 한 단계도 객관적으로 설명하지 않고 '화학진화'라는 용어 하나로 뭉뚱그려 넘어간다. 세상에 그런 편리한 논리는 없다. '화학진화'라는 말은 애초에 과학에 없다.

　지금까지는 하드웨어만을 언급하였다. 그러나 ⑧원핵세포 → ⑨진핵생물의 단계는 '생명'이라는 소프트웨어, 즉 생명현상이 나타나는 과정이다. 이 생명의 원천을 물리학으로, 화학으로 어떻게 설명할 것인가? 무엇이 진화하여 생명이 형성되었는지, 그 선구형태(先驅形態, precursor)는 무엇인지, 본질은 무엇인지, 진화론주의자들은 설명해야 한다. 이것을 말하지 않고 전체를 묶어 '화학진화'라는 편리한 한 마디로 넘어가는 것은 겉보기만 있고 속이 없는 엉터리이다.

　인간에게는 생물학적 생명이 있고, 하나님을 믿는 기독교인에게는 영적 생명이라는 것이 하나 더 있다. 진화론주의자들은 두 종류 생명의 본질이 무엇인지, 차이는 무엇인지 설명해야 한다. 그러나 저들은 설명하지 않는다. 아니 하지 못한다. 실험으로 확인되는 전자電子의 본질도 설명하지 못하는 과학자들이 생명의 본질을 어떻게 설명할 것인가?

화살표로 이어 놓으니 완벽하게 연결되는 것처럼 보인다. 그러나 각 단계의 속을 자세히 들여다보면, 어느 한 단계의 진행도 현대 과학으로 설명이 불가한 것들의 연속이다. 다윈은 쿼크가 무엇인지, '화학진화'가 무엇인지 몰랐다. 저 시리즈의 끝자락에서 거북이 등껍데기의 무늬가 다른 것을 보았을 뿐이다. 자연 속에서 일어나는 자발적 변화는 엔트로피가 증가하는 방향으로 진행한다. 엔트로피의 증가는 무질서로 가는 것이다. 진화론주의자들이 설정해 놓은 저 모든 단계는 질서를 갖추어 가는 과정이다. 자연원리의 역행이다. 그러므로 미시세계를 다루는 현대 과학의 입장에서 보면, 저 시리즈는 완전 불가해不可解의 연속이다. 필자는 저 편리한 사고방식을 바리새과적 또는 진화론주의적 사고思考라고 칭한다.

4) '종의 기원'은 무엇을 말하고 있는가?

제1장 사육 중에 일어나는 변화

사육하거나 재배하는 동식물의 종과 변종 간의 차이는 자연에 방치된 것보다 크다. 다른 생활조건에 기인한 것이며, 그 원인에는 직접적인 것과 간접적인 것 두 가지가 있다. 직접적인 것에는 확정적인 것과 불확정적인 것이 있으며, 전자는 자손이 모두 동일하게 변하는 것을, 후자는 한 배의 새끼나 한 꼬투리의 씨앗이 다른 것처럼 개체가 개별적으로 다른 것을 말한다. 추운 날씨에 어떤 사람은 감기가 들고 어떤 사람은 그렇지 않는 것과 같다. 간접적인 것은 외부 조건에 대한 생식계통의 민감성, 종간의 교배 등에서 오는 것으로 결과는 확정적일 수도 있고 불확정적일 수도 있다.

서식지의 변화, 기관의 용불용 用不用, 상관 변이, 유전 등은 변이의 원인이다. 기후가 다른 장소로 옮겨 심으면 개화시기가 바뀌고 그 특성은 유전된다. 사육하는 오리의 날개뼈 무게 비율은 야생 오리보다 작고, 다리뼈 비율은 크며, 소나 염소의 경우 젖을 짜는 것의 젖통이 짜지 않는 것의 것보다 큰 것은 용불용의 효과로 볼 수 있다. 상관 변이(correlated variation)란 한 기관이 변할 때 다른 기관이 따라 변하는 것으로, 털 없는 개는 이빨이 불완전하다, 긴 부리의 비둘기는 발이 크다 등의 것처럼 형질이 연결된 것을 말한다. 이것도 변이의 한 원인이다.

유전의 법칙은 알려진 것이 거의 없다. 동일종에게 다른 형질이 유전되고 다른 종에게서 같은 형질이 유전된다. 먼 조상의 형질을 닮는 경우가 있고, 어떤 것은 수컷에게만 유전되고 어떤 것은 암수에게 유전되는데, 이것을 설명할 방법은 없다. 사육종을 방목하면 원종으로 돌아간다는 말이 있다. 이것은 사실일 수 없으며 확인할 방법도 없다. 원종이 무엇인지 모르고, 자연으로 돌아가는 자체가 환경 조건의 변화이다. 그것들이 어떻게 영향을 미칠지 알 수 없고 실험으로 확인할 방법도 없다.

종과 종 사이에 확연한 구분은 없다. 어떤 감정가는 한 개체를 다른 종의 자손으로 인정하고, 어떤 감정가는 단순한 변종으로 인정한다. 그레이하운드, 블러드하운드, 테리어, 스패니얼, 불도그의 차이는 사육 중에 발생한 것이 아니라 야생생활로부터 온 것으로 추측할 수 있을 뿐, 그 평가는 분류학자들의 경험에 의존할 수밖에 없다.

다윈은 많은 비둘기를 사육하면서 이것들이 한 종으로부터 진화했다는 사실을 확인하였다. 그가 이런 결론을 내리기까지 비둘기를 관찰한 항목을 열거하면 다음과 같다. 부리, 두개골의 모양, 머리 둘레의 육수(肉垂), 눈꺼풀, 콧구멍, 날아다니는 모습, 발의 크기, 날개 및 꼬리의 구성, 깃털의 구성과 색, 체구, 혀의 상대적 길이, 깃털의 모습, 꽁지깃의 수, 얼굴뼈의 깊이와 폭, 굴곡, 아래턱뼈의 모양과 폭, 다리 전체와 발의 상대적 길이, 발가락 비늘의 수, 발가락 사이의 피부, 알의 모양과 크기, 부화한 새끼의 솜털 상태, 우는 소리……, 다윈이 저 결론에 이르는 과정은 간단한 것이 아니었다.

진화론주의자들의 진화 개념은 두 가지 특성이 있다.

첫째, 모든 것이 한 점(point)에서 나왔다. 즉 사람, 나무, 새, 말 원숭이, 고래 등은 모두 한 포인트로부터 나와 진화했다는 것이다. 그러나 다윈은 그렇게 생각하지 않았다.

> I have never met a pigeon, or poultry, or duck, or rabbit fancier who was not fully convinced that each main breed was descended from a distinct species. [Ref. 1, Chap. 1, p 37.]

> 나는 각 종이 한 종으로부터 나온 것이라는 사실을 확신하지 않는, 비둘기, 닭, 집오리, 토끼 사육자를 지금까지 만나본 적이 없다.

'각 종이 한 종으로부터 나온 것'의 의미는 비둘기, 닭, 토끼 등이 '한 점'으로부터 나온 것이 아니라 그들 각각의 원종으로부터 나왔다. 즉 이것들의 원형은 다르다는 뜻이다. '각 종'과 '한 점'은 상반되는 개념으로 '각 종'은 성경의 "하나님이 땅의 짐승을 그 종류대로, 땅에 기는 것을 그 종류대로 만드시니 하나님이 보시기에 좋았더라(창 1:25)"와 일치 한다.

둘째로 진화론주의자들의 개념은 점진적이 아니다. 짚

신벌레가 진화하여 원숭이가 되고, 원숭이가 진화하여 사람이 된다는 식의 불연속적 개념이다. 현대유전학의 기초 개념을 이해한다면 이런 말은 할 수 없다. 다윈의 진화 개념은 불연속이거나 거시적인 변화가 아니었다. 그는 이것을 "우리는 자연이 혁신革新(돌발적 변화)에 인색하고 변이變異(점진적 변화)에 너그러운 것을 볼 수 있다"라는 말로 요약하였다. 이것은 뒤에서 자세히 언급된다.

사람들은 이 도태의 원리를 사육종에도 활용하였다. 사육종의 특성은 그것이 동물이든 식물이든 그들의 이익을 위해서가 아니라, 자연 속에서 일어나는 변화를 인간의 선택으로 자신에게 유리한 방향으로 돌려 누적시켜 온 것이다. 좋은 종을 선택하여 그것을 다시 뿌리고 그 중에서 더 좋은 종을 계속적으로 선택하여 나가는 것은 무의식적 선택(unconscious selection)이라고 할 수 있다. 애견가는 좋은 개를 키우고자 자신이 소유한 것 중에서 가장 마음에 드는 것을 골라 증식시킨다. 이것을 오랫동안 하면 품종이 개량된다. 원하는 특정 형질의 개량을 목적으로 삼은 것이 아니라 목적하는 형질의 설정 없이 보다 좋은 품종을 얻기 위하여 이루어진 선택으로, 이것도 진화의 한 방법이 될 수 있다. 사육자의 관찰대상으로 선택되기에 유리한 조건은 고도의 변이성이고, 변이가 나타날 수 있는 기회는 많은 개체를 사육할 때 증가한다.

제2장 자연 속에서 일어나는 변화

다윈은 종을 다음과 같이 설명하고 있다.

No one definition has satisfied all naturalists; yet every naturalist knows vaguely what he means when he speaks of a species. Generally the term includes the unknown element of a distinct act of creation. [Ref. 1, Chap. 2, p 50.]

어떤 정의定義도 모든 생물학자를 만족시킬 수 없지만, 종을 말할 때 생물학자들은 그것이 의미하는 것을 막연하게라도 알고 있다. 일반적으로 이 용어(종)는 분명한 창조의 행위라는 미지의 요소를 포함하고 있다.[Ref. 1, Chap. 2, p 50.]

여기서 '정의'는 용어 '종'(種, species)의 정의(definition)

를 말하며, 변종(變種, variety)의 상대어로 쓰였다. 지금 우리가 보는 생명체는 원종으로부터 수백만 세대를 거쳐 변이되어 온 것이 분명하다. 거슬러 올라가 원종을 확인할 수 있는 방법은 지질학적 증거뿐인데 화석化石은 캄브리아기 이후로 제한되어 있기 때문에 이전에 존재했던 원종을 확인할 방법은 없다. 따라서 변형의 분기점을 확인하는 것은 불가능하다. 종의 경계선이 있는 것은 분명하지만 현재 우리가 확인할 수 있는 것은 변종의 화석뿐이므로 원종의 확인은 영원히 불가능하다.

그는 여기서 창조를 언급하면서 원종은 창조된 것이라는 신념을 말하고 있다. 계통수를 끝까지 추적해 올라가면 원종原種이 존재할 것인데, 그것은 창조 행위의 결과물이며 우리는 그것을 확인할 수 없다는 것이다. 생명체의 최초 생성은 창조임을 전제하고 있다.

위 문장 중의 "a distinct act of creation(분명한 창조 행위)"이 Ref. 2(Chap. 2, p 24.)에서 "a distant act of creation(먼 옛날의 창조 행위)"로 교정되어 있다. 다윈이 이것을 왜 바꾸었는지 필자로서 확인할 길은 없다. 그러나 그것이 distinct

이든 distant이든 다윈이 창조 행위를 전제했다는 사실에는 변함이 없다.

> Many years ago, when comparing, and seeing others compare, the birds from the closely neighbouring islands of the Galapagos Archipelago, one with another, and with those from the American mainland, I was much struck how entirely vague and arbitrary is the distinction between species and varieties. [Ref. 1, Chap. 2, p 55.]

> 수년 전 나는 갈라파고스 인근의 작은 섬에서 온 새와 미국 본토에서 온 새를 여러 각도로 비교하고, 또 다른 사람들이 비교한 것을 보았을 때 종(species)과 변종(varieties)의 구분이 얼마나 모호하고 임의적인 것인지 알게 되었다.

하나의 개체를 놓고 어떤 학자는 종으로 분류하고 어떤 학자는 변종으로 분류한다. 독일의 한 학자는 다른 학자들이 대부분 변종이라고 주장하는 것에서 12개 이상의 종을 설정하고 있다. 변이는 지극히 경미하고 점진적인 것이기 때문에 한 개체를 종으로 볼 것인지 변종으로 볼 것인지 결정하는 일은 정확한 판단력과 광범위한 경험을 지닌 학자의 판단에 의지할 수밖에 없다. 종의 판단은 지극히 주관적일 수밖에 없는 것이기 때문에 종의 분류는 모호하고 임의적일 수밖에 없다.

> ; and when the same identical form is met with in two distant countries, or in two geological formations, they believe that two distinct species are hidden under the same dress. The term species thus comes to be a mere useless abstraction, implying and assuming a separate act of creation. [Ref. 1, Chap. 2, p 56.]

그리고 그들(변이를 부정하고 개별적 창조를 믿는 박물학자들)은 멀리 떨어진 두 나라 또는 두 지층에서 동일한 형태를 발견할 때, 두 개의 종이 같은 옷을 입고 숨겨져 있다고 생각한다. 이렇게 되면 종(species)이라는 말은 개별적 창조를 의미하거나 가정하는, 쓸모없는 추측이 되어버린다.

제12장에서 다시 언급되지만, 다윈의 이론에 의하면 생명체는 한 장소에서 창조되어 시간이 경과하면서 주위로

퍼져나갔다. 이런 퍼짐(propagation)의 개념이 없이 개별적 창조를 주장하는 사람들은, 동일종이 멀리 떨어진 두 나라에서 발견되는 것은 각각의 장소에서 종이 개별적으로 창조되었다고 한다. 또 동일종이 다른 지층에서 발견되는 것은 한 종이 시간적으로 두 시대에 존재했음을 뜻하는데, 시대마다 동일종이 개별적으로 창조되었다는 것이다. 그러나 이런 개별적 창조를 가정하는 것은 쓸데없는 추측이라고 못 박고 있다.

> It should be added that De Candolle no longer believes that species are immutable creations, but concludes that the derivative theory is the most natural one, "and the most accordant with the known facts in palæontology, geographical botany and zoology, of anatomical structure and classification." [Ref. 1, Chap. 2, p 58.]

캉돌은 종이 불변의 창조물이라는 사실을 믿지 않고, 유래설(由來說, the derivative theory)이 가장 자연스러운 것이며, 고생물학, 지리 식물학 및 동물학에서 알려진 해부학적 구조 및 분류와 잘 일치한다는 결론을 내리고 있다는 것을 첨언한다.

다윈 이전에도 생명체가 변형된다는 사실을 믿는 학자는 있었지만, 일반적으로 생명체란 신이 창조한 것이기 때문에 절대불변이라는 신념이 지배적이었다. 생명체가 변한다는 사실은 고생물학이나 동물학, 식물학에서 밝혀진 사실들과 잘 일치한다는 사실을 강조하고 있다.

> Where many species of a genus have been formed through variation, circumstances have been favourable for variation; and hence we might expect that the circumstances would generally be still favourable to variation. On the other hand, if we look at each species as a special act of creation, there is no apparent reason why more varieties should occur in a group having many species, than in one having few. [Ref. 1, Chap. 2, p 62.]

변이로 인하여 한 속屬에서 많은 종이 형성되었다면 환경은 변이에 유리했을 것이다. 그리고 그 환경은 계속적으로 변이에 유리할 것이다. 이에 반해 각각의 종을 특별한 창조 행위에 의한 것이라고 여긴다면 많은 종을 가진 그룹에서 작은 속보다 많은 변종이 생성되어야 할 이유는 없다.

큰 속에서 많은 변종이 발생하고, 작은 속에서 적은 수의 변종이 생성되는 것을 다윈은 실험으로 확인하였다. 큰 속에서 많은 변종이 나타나는 것은 환경이 큰 속의 변이에 유리하였기 때문이고, 작은 속에서 적은 수의 변종이 생성되는 것은 환경이 작은 속의 변이에 불리했기 때문이다. 이 경향성은 변이(variation)의 개념을 바탕으로 할 때 설명이 가능하다. 그러나 생명체가 불변한다는, 즉 변이의 개념이 배제된 개별적 창조설로서는 설명이 불가능하다. 위 문장에서 '특별한 창조 행위'는 '개별적 창조 행위'와 같은 의미이다.

> In all these respects the species of large genera present a strong analogy with varieties. And we can clearly understand these analogies, if species once existed as varieties, and thus originated; whereas, these analogies are utterly inexplicable if species are independent creations. [Ref. 1, Chap. 2, p 65.]
> 이런 점에서 큰 속의 종은 변종과 상당한 유사성을 보인다. 만일 종이 변종으로 존재하고 또 어떤 근원으로부터 유래된 것이라면 이 유사성을 우리는 분명하게 이해할 수 있다. 이와 반대로 종이 독립적인 창조물이라면 이런 유사성은 설명될

수 없다.

생명체가 유사하다는 것은 미세하게 다르면서 겉보기가 비슷한 것을 뜻한다. 속을 이루는 종의 개체들 사이에 유사성이 존재하는 것은 원종으로부터 점진적인 변이가 있었고, 그 변형이 후대로 전해진 것으로 볼 수 있다. 생물체가 변이한다는 입장에서 보면 유사성은 쉽게 이해되지만 생명체가 불변이라는 사고방식 즉 '독립적 창조'라면 그것들의 유사성은 설명될 수 없다.

제3장 생존 경쟁

생명체는 생존을 위하여 경쟁한다. 북극이나 눈 덮인 산의 꼭대기, 그리고 사막에서는 생물 개체 상호간의 경쟁은 사라지고 개체수 증가는 자연의 영향에 제한된다. 종의 개체수 증가 경향을 방해하는 요인을 모두 확인할 수 없으나, 기후 변화, 가뭄, 먹이의 양은 개체수 결정에 중요한 역할을 할 것이다. 개체수는 기하급수적인 비율로 증식하는 경향이 있고, 먹이의 양은 제한되어 있기 때문에 생존경쟁은 불가피하다.

또 동일종은 같은 지역에서 같은 먹이를 구하기 때문에 경쟁은 대체로 같은 종 사이에 치열하다. 일반적으로 같은 속屬의 종들은 습성, 체질 및 구조에 유사한 점이 많기 때문에 다른 속에 있는 종과의 경쟁보다 동일속 내에서 경쟁이 더 치열할 수밖에 없다. 따라서 기하급수적인 개체수 증가경향은 계속 유지될 수 없으며 일정 시점에서 파국을 맞게 된다.

복잡한 외부적, 물리적 조건 속에서 개체의 보존에 유익한 것이라면 생명체는 그것이 아무리 작은 것이라 할지라도 모두 받아들이고, 받아들여진 형질은 자손에게 전달된다. 어느 곳에 생명체가 존재한다는 것은 개체가 그 환경에 적응하고 있는 것을 말해준다. 적응은 변이의 결과로 얻어진 것이고, 그 과정이 자연도태(natural selection)이다. 그리고 거기서 살아남는 것을 적자생존(the survival of the fittest)이라고 한다. 혹독한 환경 속에서 생명체는 살아남기 위하여 스스로의 노력으로 적응하는 것이 아니다. 자연도태로 변이한 수많은 개체 중에서 우연하게 적응된 것만 살아남는다. 이것이 진화 즉 생물체 변이의 원인이다.

제4장 자연도태 또는 적자생존

생명체는 자연환경의 변화에 대하여 가소성(可塑性, plastic, 물성이 유연하여 형태가 쉽게 변할 수 있는 성질)이 있어 무한한 형태로 변형될 수 있으며, 변형된 성질은 후손에게 전달된다. 인간은 변종을 생산해낼 수도, 변종의 발생을 막을 수도 없다. 다만 그것을 보존하고 누적시킬 수 있을 뿐이다. 인간이 사육과 교잡을 통하여 변이를 일정한 방향으로 축적하여 원하는 결과를 얻을 수 있는 것처럼, 자연도 그렇게 할 수 있다. 그 변형이 종에게 유익한 것이라면 누적되어 고착화하지만 불리한 것이라면 종을 절멸시킨다. 인간은 자신의 이익을 위하여 이런 행위를 하지만 자연은 생명체의 이익을 위하여 이 일을 한다. 자연은 아무리 사소한 변이라 할지라도 그것을 자세히 검토하여 나쁜 것은 버리고 좋은 것은 모두 보존하고 축적한다.

Natural selection acts only by the preservation and accumulation of small inherited modifications, each profitable to the preserved being ; and as modern geology has almost banished such views as the excavation of a great valley by a single diluvial wave, so will natural selection banish the belief of the continued creation of new organic beings, or of any great and sudden modification in their structure. [Ref. 1, Chap. 4, p 94.]

자연도태는 종에게 유익했던 유전적 변이의 보존과 축적에 의하여 이루어진다. 단 한 번의 홍수물결에 의하여 거대한 골짜기가 생성되었다는 견해가 현대 지질학에서 퇴출되었던 것처럼, 자연도태는 새로운 생명체가 계속적으로 창조되었다거나 갑작스럽게 구조의 변형이 일어났다는 생각을 떨쳐버리게 할 것이다.

거대한 골짜기는 오랜 시간 동안 물의 침식작용에 의한 것이지 한 순간의 물결에 의하여 생성된 것이 아니다. 작은 침식이 누적되어 형성된 것이다. 종이 변화하여 다른 형태를 갖는 것도 작은 변이가 누적된 결과이다.

동일종의 화석이 시간적으로 다른 지층, 다른 장소에서 발견되는 것을 보고 생명체가 계속적으로 창조된다(the continued creation of new organic beings)고 하는 것은 시시각각의 창조를 의미한다. 개별적 창조의 개념이며, 자연도태의 원리는 이런 개념을 종식시킨다.

자연도태는 완만하게 이루어지지만, 자연에는 무한의 시간과 지구라는 거대한 공간이 주어져 있기 때문에 변화의 방향과 크기의 한계를 정할 수 없다. 그러나 고생대의 삼엽충, 중생대의 공룡이 현재 존재하지 않는 것은, 개체는 무한히 증가하는 것이 아니라는 것을 말해준다.

> It might have been expected that the plants which would succeed in becoming naturalized in any land would generally have been closely allied to the indigenes; for these are commonly looked at as specially created and adapted for their own country. [Ref. 1, Chap. 4, p 108.]

어떤 나라에 귀화하여 성공한 식물은 토종과 밀접한 관계가 있으며, 이것들은 그 나라를 위하여 특별히 창조되어 적응해 왔다고 생각할지 모른다.

호주 대륙에는 다른 대륙에 없는 캥거루가 있다. 캥거루는 호주를 위하여 특별히 개별적으로 창조되었는가? 지질학자들에 의하면 팡게아 초원(Pangea, 6대륙이 분리되기 이전의 육지) 시절 지구상의 대륙은 하나였고, 그 후 지각의 판(plate)이 분리, 이동하여 지금의 6대륙이 되었다. 만약 팡게아 시절 캥거루가 존재했었다면 6대륙에 분산되었을 것이다. 그러나 캥거루는 다른 대륙에서는 기후 및 기타 조건에 적응하지 못하여 절멸되었고, 오직 호주에서만 토착생물과 경쟁한 끝에 적응하고 승리하여 적자생존한 것으로 해석할 수 있다. 동물계와 식물계에 소수의 강(綱, class)만이 존재하는 것은 이와 같은 종의 멸절 때문이다.

> Amongst the vertebrata the degree of intellect and an approach in structure to man clearly come into play. It might be thought that the amount of change which the various parts and organs pass through in their development from the embryo to maturity would suffice as a standard of comparison; but there are cases, as with certain parasitic crustaceans, in which several parts of the structure become

less perfect, so that the mature animal cannot be called higher than its larva. [Ref. 1, Chap. 4, p 117.]

척주동물 중 지능의 정도와 기관의 구조가 인간에게 근접하고 있는 것은 분명하다. 이것으로 배胚로부터 성체에 이르는 과정에서 각 부분과 기관이 겪는 변화의 양이 비교의 기준이라고 생각할 수 있다. 그러나 기생하는 갑각류의 경우 몇몇 구조가 성숙하면서 불완전해 가는 경우가 있다. 그러므로 성체 동물이 그것의 유충보다 고등하다고 할 수 없다.

진화란 반드시 고등한 방향으로 진행하는 것이 아니다. 기관의 분화와 특수화된 정도가 고등한 정도의 기준이라면 갑각류의 성체가 유충보다 불완전한 것은 진화와 반대 방향으로 가고 있는 것이다. 변이에 의하여 유기체가 분기되는 경우의 수는 무한대이다. 진화는 방향을 정해놓고 가는 것이 아니라 임의적인 것이기 때문에 열등한 것이 출현할 수도 있다. 지능과 기관의 구조가 인간의 것에 가까이 간다는 것이 진화의 기준이 될 수 없으며, 많은 변화를 한 것이 고등한 것이라고 할 수도 없다. 지금도 최하등의 형태가 존재하는 것은 이 때문이다. 자연도태나 적자생존이 반드시 진보적이어야 할 까닭은 없다.

> If species had been independently created, no explanation would have been possible of this kind of classification; but it is explained through inheritance and the complex action of natural selection, entailing extinction and divergence of character, as we have seen illustrated in the diagram. [Ref. 1, Chap. 4, p 126.]

만약 종이 독립적으로 창조되었다면 이와 같은 분류는 설명될 수 없다. 그러나 이것은 도표(원본 참조)에 보인 것처럼 절멸과 형질의 분기를 수반하는 물려받음과 자연도태의 복잡한 작용을 통하여 설명될 수 있다.

지금까지 서술된 내용은 다음과 같이 요약될 수 있다. "종은 개별적으로 창조되지 않았다." 이 사고를 바탕으로 그의 '종의 기원'은 전개된다. 앞서 언급하였듯이 그가 부정한 것은 '개별적 창조'이지, '창조' 자체가 아니었다. 다윈이 창조를 긍정한 내용은 지리적 분포와 결론을 다루는 장에 많은 지면을 할애하여 고찰할 것이다.

제5장 변이의 법칙

변이는 인간이 그 원인을 정확히 알 수 없으나 종은 세대를 거듭하는 동안 생활조건의 영향을 받는다. 생활조건에는 두 가지 요소가 있다. 생물 자체의 내부성질과 생활조건의 외부성질이다. 환경이 어떤 효과를 미치는지 불명확하지만, 북쪽에 사는 동물의 모피가 두껍고 질이 좋은 것으로 보아 영향을 미치는 것은 확실하다. 가축의 경우 사용하는 부분은 강해지고 사용하지 않는 부분은 퇴화한다. 두더지나 땅굴을 파고 사는 설치류는 눈의 흔적만 남아있고 타조의 날개는 작아졌다. 이것은 불완전한 발육생태가 유전된 것이 아니고 계속된 용불용用不用의 작용에 의한 것으로 볼 수 있다.

; so that in accordance with the old view of the blind animal having been separately created for the American and European caverns very close similarity in their organization and affinities might have been expected. This is certainly not the case if we look at the two whole faunas; [Ref. 1, Chap. 5, p 132.]

눈먼 동물이 미국이나 유럽의 동굴을 위하여 개별적으로 창조되었다는 낡은 견해에 따른다면, 체제의 유사성 면에서 닮은 점을 기대할 수 있을 것이다. 그러나 두 동물군을 살펴보면 이것은 사실이 아니다.

Silliman 교수는 동굴 입구와 동굴 깊은 곳에서 한 마리씩, 동종의 굴쥐(Neotoma) 두 마리를 잡았는데, 깊은 곳에서 잡은 쥐는 아무것도 볼 수 없었지만, 입구에서 잡은 쥐는 1개월가량 광선을 받은 뒤 물체를 구별하였다. 깊은 곳에 서식하는 쥐의 눈은 완전히 퇴화했지만 굴 입구의 쥐는 아직 덜 퇴화한 것을 이 사실로부터 알 수 있다. 이것은 눈먼 쥐가 그 굴을 위하여 특별히 창조된, 즉 개별적으로 창조된 것이 아니라는 사실을 말하여 준다.

It would be difficult to give any rational explanation of the affinities of the blind cave-animals to the other inhabitants of the two continents on the ordinary view of their independent creation. [Ref. 1, Chap. 5, p 133.]

두 대륙에 서식하는 눈먼 동굴동물과 기타 동물들의 유사성을 독립적 창조의 견해에 근거하여 합리적으로 설명하기는 어렵다.

각 동물의 여러 가지 유사성을 독립적(개별적) 창조설로 설명할 수 없다는 것을 강조하고 있다. 풍토순화(acclimatization)는 변이의 한 원인이다. 쥐와 생쥐는 가축이 아니지만 열대, 온대, 한대의 구별 없이 다른 어떤 설치류보다 넓은 분포를 가지며 적응하여 살고 있다. 코끼리와 코뿔소는 과거 빙하시대를 견뎌왔으나 지금은 열대성 동물로 되어 있다. 한대지방에서 이것들의 화석이 발견되지만, 현재 찾아볼 수 없는 것은 그 기후를 견딜 수 없어 절멸한 것으로 볼 수 있다. 그리고 같은 속屬에 속하는 두 종이 열대와 한대에서 각각 살았던 것은 그들이 단일조상에서 유래하였음을 말해주는 것이다.

상관 변이(相關變異, correlated variation)란 모든 체제가 성장 및 발생기간 동안 연결되어 있어 어느 부분에 경미한 변이가 일어나면 다른 부분도 따라서 변하는 것을 말한다. 갓 부화한 새끼 비둘기의 솜털의 양에 따라 성체 깃털의 색이 달라지는 것, 터키의 털 없는 개의 털과 이빨과의 관계 등이 좋은 예이다. 살도 많이 찌고 젖도 많이 나오는 암소, 잎도 많고 씨도 많은 양배추를 얻는 것은 힘든 일이다. 과일의 씨가 작을 때 과육은 많고 질도 좋다. 이런 상관관계가 변이의 원인이 되기도 한다.

종의 어느 부분이 이상 발달하는 것은 유사종의 동일 부분에 비해 변이하기 쉬운 경향이 있는 것이다. 일반 쥐의 앞발과 박쥐의 날개는 상동관계에 있으며, 박쥐의 날개는 일반 쥐의 앞발보다 변형되기 쉽다.

On the view that each species has been independently created, with all its parts as we now see them, I can see no explanation. But on the view that groups of species are descended from some other species, and have been modified through natural selection, I think we can obtain some light. [Ref. 1, Chap. 5, p 143.]

각각의 종이 지금 우리가 보고 있는 모든 부분을 지니고 독립적(개별적)으로 창조되었다는 견해에 입각한다면 나는 그것을 설명할 수 없다. 그러나 종이 다른 종으로부터 유래하였고 자연도태를 통하여 변형되었다는 견해에 의한다면 실마리를 찾을 수 있다.

박쥐의 날개와 쥐의 앞발은 상동(相同, homology, 발생기원이 같은 것, 새의 날개와 짐승의 앞다리) 관계에 있는 것으로, 일반 쥐와 박쥐는 현재의 형태로 각각 개별적으로 창조된 것이라고 할 수 없으며, 자연도태에 의하여 변이하였다는 이론으로 설명하면 이해할 수 있다. 한 종의 특정 부분이 이상발달異常發達하는 것은 많은 양의 자연도태가 축적된 것이며, 외관의 상관관계는 오직 자연도태만이 작용할 수 있는 방식이다.

On the ordinary view of each species having been independently created, why should that part of the structure, which differs from the same part in other independently created species of the same genus, be more variable than those parts which are closely alike in the several species? [Ref. 1, Chap. 5, p 145.]

각각의 종이 독립적으로 창조되었다는 일반적 견해를 따른다면, 독립적으로 창조된 동일 속의 다른 종들이 지니고 있는 부분과 상이한 구조는 몇몇 종의 유사 부분보다 왜 변이하기 쉬운가?

종의 형질은 속의 형질보다 변하기 쉽다. 장미에는 여러 종류의 색이 있다. 장미의 색이 모두 붉은색이라면 붉은색은 속의 성질이지만, 각각의 색이 다른 것은 종種의 성질이며, 종의 형질이 보다 쉽게 변한다는 것은 이미 알려진 사실이다.

2차 성징이 변하기 쉬운 것도 변이의 한 원인이다. 닭은 병아리 시절 암컷과 수컷의 색이 똑같다. 그러나 이것이 성체가 되면서 목덜미의 색과 구성은 달라진다. 멀리 떨어진 나라에 사는, 다른 품종으로 보이는 어떤 비둘기는 양

비둘기에 없던, 머리에 거꾸로 선 깃털과 다리에 털을 가지고 있다. 오랫동안 잠재되어 있던 형질이 나타나는 귀선유전歸先遺傳에 의한 것으로 이와 같은 성질은 종들이 공통조상으로부터 유래되었음을 보이는 증거이다.

> The difficulty in distinguishing variable species is largely due to the varieties mocking, as it were, other species of the same genus. A considerable catalogue, also, could be given of forms intermediate between two other forms, which themselves can only doubtfully be ranked as species; and this shows, unless all these closely allied forms be considered as independently created species, that they have in varying assumed some of the characters of the others. [Ref. 1, Chap. 5, p 150.]

> 종을 구분하기 어려운 것은 주로 변종이 동일 속의 다른 종과 유사한 데 있다. 종으로 해야 할지 변종으로 해야 할지 모르는 의심스러운 종들에 관한 한, 커다란 목록을 만들 수 있을 정도이다. 밀접하게 연결된 이 모든 종들을 독립적으로 창조된 것이 아니라고 본다면, 그들은 변화 중에 어느 정도 다른 것의 형질을 띠는 것으로 볼 수 있다.

개별적 또는 독립적 창조란 종이 불변이라는 개념이다. 변이에 의하여 수없이 생성되는 개체를 모두 개별적 또는 독립적으로 창조된 것이라고 하는 것은 합리적이지 못하다. 지금까지 언급된 내용은 종이 변이하고 있음을 보여주는 증거이다.

> To admit this view is, as it seems to me, to reject a real for an unreal, or at least for an unknown, cause. It makes the works of God a mere mockery and deception: [Ref. 1, Chap. 5, p 154.]

이 견해를 인정하는 것은 비현실적이거나 알려지지도 않는 이유 때문에 진정한 것을 거부하는 것이다. 이것은 하나님의 작품을 웃음거리나 속임수로 만들어버리는 것이다.

말의 종에 호두색 말, 밤색 말, 회갈색 말, 얼룩말, 당나귀가 있다. 얼룩말과 갈색말의 색이 다른 것은 원종으로부터 오랫동안 잠재되어 있던 형질이 수많은 세대 후에 나타나는 격세유전(隔世遺傳, atavism)의 방식에 기인한 것이고, 그 격세 기간이 얼마가 될지 우리는 알 수 없다. 다윈은 얼룩말과 갈색말은 공통조상(원종)이 있을 것이기 때문에 두 종류의 말이 개별적으로 창조되었다는 주장은 신뢰할 수 없다는 것을 말하려던 참이다. '이 견해'란 개별적 창조된 종, 즉 얼룩말과 갈색말이 다른 동물이라는 견해를 말하는 것으로, 저 말들이 따로따로 창조되었다는 견해는 하나님의 창조 사역事役을 웃음거리로 만든다는 것이다. 얼룩말과 갈색말은 하나님이 창조하신 하나의 원종으로부터 분화되어 나온 것이라는 신념의 표현이다.

여기에 나오는 '하나님의 작품'(the works of God)은 다윈의 사고방식 중에 있던, 성경이 말하는 하나님의 창조 개념이 드러나는 대목이다. "이 용어(종)는 분명한 창조 행위라는 미지의 요소를 포함하고 있다", "이것은 하나님의 작품을 조롱거리나 속임수로 만들어버리는 것이다"고 말하는 다윈을, 바리새파 과학자들은 창조론 부정의 원조元祖라고 한다.

'the works of God'의 표현에 대문자 God가 나온다. 다윈은 그의 저서 '종의 기원'에서 하나님을 지칭할 때 반드시 God, He, His, the Creator의 넷을 사용하였다. 이 단어들은 문장 중에라도 반드시 대문자를 사용한다. 케임브리지 대학에서 신학을 전공하고 신부神父가 되고자 했던 그는 훔볼트의 '남아메리카 여행기'와 허셜의 '자연철학서론'을 읽고 자연과학으로 마음을 바꾸었다. 항상 창조주 하나님의 섭리를 확신하고 있었기 때문에 저런 표현이 나온 것이다. 다윈은 창조론의 부정과 아무런 관계도 없는 사람이다. 진화론주의자들이 그를 그렇게 매도한 것이다.

제6장 이론상의 난점

생명체가 점진적으로 변이한다면 다음과 같은 반론反論이 제기될 수 있다.

1) 만일 종이 점진적 변화를 거쳤다면 중간의 형태는 지금은 왜 발견되지 않는가?
2) 자연도태는 눈과 같이 놀라운 구조도 만들면서 왜 기린의 꼬리와 같이 쓸모없는 구조도 만드는가?

3) 본능은 자연도태에 의하여 변하는가?

4) 종을 교잡하면 불임의 자손이 나오기도 하는데 변종을 교잡하면 왜 생식기관이 완전한가?

이것들은 모두 자연도태로 설명될 수 있다. 첫 두 항목은 여기서 논하고 본능과 잡종의 문제는 이후의 두 장에서 언급할 것이다.

변이가 진행 중인 종은 왜 발견되지 않거나 드문가? 자연도태는 자신과 경쟁관계에 있는 낮은 지위의 종을 절멸시킨다. 종을 이어주는 중간 종은 무수히 존재할 것이지만 자연도태의 과정은 조상형과 중간형의 연쇄를 끊임없이 절멸시켜 왔다. 또 중간형 존재의 증거는 화석으로 확인할 수밖에 없는데, 지질학적 기록은 완전하지 못하고 불연속적이다. 따라서 변이의 증거는 불연속일 수밖에 없다. 이 문제는 지질학적 기록이 불완전한 이유를 설명하는 장에서 다시 설명할 것이다.

둘째로 북미산 밍크는 여름에 물에 들어가 고기를 잡고 겨울에는 얼어붙은 수역을 떠나 육생동물을 잡아먹는다.

날다람쥐는 날기도 하고 기어 다니기도 한다. 자연도태의 방향은 언제나 다양하고 임의적이며, 개체는 변이를 항상 보존하고 번식하면서 그 방향의 변이를 축적한다. 따라서 사람이 보기에 기린의 꼬리가 쓸모없는 것으로 보일지 모르나 그것이 기린에게 어떤 유익을 가져다주는지 우리는 알 수 없다. 개체는 언제나 다양한 형질을 발생시킬 수 있는 것이다.

> He who believes in separate and innumerable acts of creation may say that in these cases it has pleased the Creator to cause a being of one type to take the place of one belonging to another type; but this seems to me only re-stating the fact in dignified language. [Ref. 1, Chap. 6, p 166.]

수많은 개별적 창조 행위를 믿는 사람은 이런 경우 어떤 형태의 생물을 다른 형태의 생물로 대체하는 것이 창조자의 뜻에 맞는 것이라고 말할 수도 있다. 그러나 이것은 팩트를 고상한 말로 바꿔 부르는 것에 불과하다.

'이런 경우'는 변이 즉 자연도태에 의하여 습성이 다른 개체가 발생하는 것을 말한다. 자연도태를 부정하면서 개별적 창조 개념을 고수하기 위하여 창조자를 끌어들이는 것은 말 바꿈에 불과하다는 것을 지적하고 있다. 위 문장 중에 대문자로 쓰인 the Creator는 창조주 하나님을 가리킨다.

태양은 정지해 있고 지구가 그 주위를 돈다고 했을 때 사람들은 거짓이라고 했다. '민중의 소리는 신의 소리(Vox Populi, Vox Dei)'라고 하지만 과학에 이런 말은 없다. '눈과 같이 복잡하면서도 완전한 기관이 자연도태에 의하여 완성될 수 있는가?'라고 반문한다. 그러나 이것은 진화의 단계가 알려지지 않았을 뿐 이 질문이 자연도태설을 뒤집지는 못한다.

> But may not this inference be presumptuous? Have we any right to assume that the Creator works by intellectual power like those of man? [Ref. 1, Chap. 6, p 169.]

> 이런 추론은 지나친 것이 아닐까? 창조자가 인간과 똑같은

지능으로 일을 하고 있다고 가정할 권리가 있는가?

'자연을 이끌어 가는 창조자의 능력이 인간의 지력과 같을까?'라고 반문하는 것은 자연도태에 의한 변이도 눈과 같이 정교한 기관을 만들 수 있음을 우회적으로 표현하는 것이다. 자연도태란 자연을 경영하는 하나님의 섭리이며, 이것은 인간의 지력으로 헤아릴 수 없다는 것을 피력하고 있다.

> Let this process go on for millions years; and during each year on millions of individuals of many kinds; and may we not believe that a living optical instrument might thus be formed as superior to one of glass, as the works of the Creator are to those of man? [Ref. 1, Chap. 6, p 170.]

이런 과정을 수백만 년 동안 그리고 각 종류의 수백만 개체에게 진행시켜 보라. 창조자의 작품이 인간의 것보다 우수한 것처럼, 유리로 만든 것(망원경)보다 우수한, 살아있는 광학 기구(눈)가 만들어질 수 있다고 믿을 수 있지 않을까?

다윈은 창조자의 전능을 인정하면서 자연도태도 수백만 년 동안 수많은 개체에게 진행시킨다면, 눈(살아있는 광학기구)처럼 복잡하고 완전한 기관도 얻어질 수 있다는 것이다. 점진적 이행단계를 확인할 수 없는 경우가 많은 것은 사실이지만, 종의 어떤 기관이 자연도태 과정, 즉 점진적 변화에 의하여 만들어질 수 없다는 결론을 내리는 것은 삼가야 한다는 지적이다.

> Why should all the parts and organs of many independent beings, each supposed to have been separately created for its proper place in nature, be so commonly linked together by graduated steps? Why should not Nature take a sudden leap from structure to structure? [Ref. 1, Chap. 6, p 180.]

자연 속의 적당한 곳에 개별적으로 창조되었다는 독립적 개체의 모든 부분과 기관이 어째서 공통적으로 점진적인 단계로 연결되어 있는가? 구조가 변할 때 어째서 자연은 돌발적 단계를 취하지 않는 것일까?

종이 개별적으로 창조된 것처럼 보이는 것은 도태의 이행과정 중 절멸된 것이 있고, 지질학의 불연속성으로 인하여 확인이 불가능하기 때문이다. 그럼에도 불구하고 생명체의 구조변화는 자연도태에 입각하여 설명이 가능하다. 다윈은 이 사실을 경험이 풍부한 박물학자들의 격언, '자연은 비약하지 않는다(Natura non facit saltum)'를 인용하여 요약하였다.

자연은 유리한 변이를 존치시키고 불리한 구조를 도태시킨다. 과일의 털이나 과육의 색깔처럼 개체에게 별로 중요하지 않게 보이는 구조가 있다. 그러나 이런 구조가 쓸모없는 것이라고 단언하는 것은 신중해야 할 필요가 있다는 것이다.

> They believe that many structures have been created for the sake of beauty, to delight man or the Creator(but this latter point is beyond the scope of scientific discussion), or for the sake of mere variety, a view already discussed. [Ref. 1, Chap. 6, p 184.]

그들은 많은 구조가 인간이나 창조주(창조주는 과학적 논의의 범위를 벗어난다)를 기쁘게 하고자 아름다움(美)을 위하여, 또는 단순히 다양성을 위하여 창조되었다고 믿는다.

'그들'이란 개별적 창조를 믿으며 다윈의 이론에 반박하는 박물학자들을 가리킨다. 미(美)의 개념은 대상물이 가지고 있는 성질과 관계없이 인간의 마음에 의존하고, 무엇이 아름다운가 하는 것은 인간의 서로 다른 기준에서 출발하기 때문에 인간이 말하는 미(美)는 개체에게 본질적이거나 불변의 것은 아니다. 무르익은 딸기, 화살나무의 빨간 열매, 사철나무의 진홍색 열매가 아름답지만, 그 아름다움은 먹혀서 씨앗이 똥과 함께 전파되도록 새나 짐승을 유혹하기 위한 것이다. 아름다움이라는 것도 개체에게 유익한 것이다. 쓸모없어 보이는 것이나 아름다운 색이 먼 조상이나 현재의 개체에게 어떻게 중요한 것이었는지 우리는 알 길이 없다.

We have in this chapter discussed some of the difficulties and objections which may be urged against the theory.

Many of them are serious; but I think that in the discussion light has been thrown on several facts which on the belief of independent acts of creation are utterly obscure. [Ref. 1, Chap. 6, p 189.]

자연도태론에 제기될 수 있는 난점 및 반대의견을 이 장에서 논의하였다. 그것들은 진지한 것이다. 그러나 (자연도태의 개념은) 독립적 창조 행위설로 설명하기 애매했던 많은 사실들에 빛을 던져주었다고 생각한다.

자연도태설은 개별적 창조설로 설명할 수 없는 많은 현상들을 이해하는 데 도움이 될 것임을 시사하고 있다.

제7장 자연도태설에 대한 여러 가지 반론

지금은 정설正說이 되었지만, 다윈의 자연도태설은 이견異見이 많았다. 브롱은 "자연도태의 원리에 따르면 어떤 개체의 변종이 어떻게 그들의 원종과 공존할 수 있는가?"라는 질문을 제기했다. 원종과 변종의 습성이 다른 생활환경에 적응한다면 그들은 병행할 수 있다. 또 "종이 다른 것은 하나의 형질만이 아니라 여러 부분에서 차이가 나는데 왜 체제의 많은 부분이 동시에 변한 것이냐?"라고 묻고 있다. 모든 생물의 체부가 반드시 동시에 변한다고 생각할 필요는 없다. 서로 다른 시기에 발생했어도 우리의 눈에 동시적으로 발생한 것처럼 보이는 것은 상관 변이(correlated variation) 또는 자발적 변이(spontaneous variation)의 결과라고 할 수도 있다. 브롱은 이보다 훨씬 심각한 반론反論을 제기했다.

줄기에 붙어있는 잎의 배열을 예로 들면서 잎의 소유자에게 유익을 가져다 줄 것 같지 않은 형질들은 자연도태의 영향을 받지 않을 것이라는 견해이다. 이 문제는 식물에 대한 네겔리(Nägeli)의 논문에서도 논의되고 있는데, 종은 전진적이고 보다 완전한 발전으로 향하려는 내재적 경향(innate tendency)이 있다고 믿고 있다. 그러나 개체의 현재 구조가 과거에도 유익했었다는 결론을 내리는 것은 신중해야 한다. 또 한 체부가 변했을 때 그것이 다른 체부에 미치는 영향의 증가나 감소는 우리가 이해할 수 없는 신비스러운 상관관계이다. 우발적인 변이의 가능성도 고려되어야 한다.

　미바트는 기린이 목이 길어져서 얻는 이점이 덩치가 커져서 많은 음식을 필요로 하는 불리한 점을 상쇄하지 못할 것이라고 생각하고 있다. 기린은 남아프리카에 지금도 여전히 서식하고 있다. 크기에 있어 중간적인 각종 단계의 기린이 식량부족에도 불구하고 여전히 생존했다는 것은 왜 생각하지 못하는가? 크기가 커가는 과정에서 다른 사자에 의하여 잡아먹히지 않고 남아 먹이에 닿을 수 있는 능력이 기린에게 어느 정도의 이익을 주었을 것은 틀림없다. 체구의 증대는 육식동물들에 대한 방어역할을 했을 것이며, 긴 목은 라이트(C. Wright)가 말한 것처럼 망루 역할도 했을 것이다. 어느 종에서든 보존은 단 하나의 이점에 의하여 결정되는 것이 아니라 모든 이점의 종합에 의하여 결정된다.

　그는 만약 자연도태설이 그토록 강력하고, 높은 곳에 있는 것을 먹을 수 있는 것이 그렇게 큰 이점이라면 낙타, 과나코 및 다른 유제사족류(有蹄四足類, 발굽이 있고 다리가 넷인 동물)가 긴 목과 큰 키를 타고나지 않은 것은 무슨 까

닭이며, 이 그룹의 구성원 중 긴 주둥이가 없는 것은 무슨 이유냐고 반문하고 있다. 높은 나무의 잎을 먹는 경쟁은 기린과 기린 사이에서 일어났고, 다른 유제류 사이에서는 일어나지 않았다. 인류 역사에서 어떤 사건이 이 나라에서 일어났는데 왜 저 나라에서는 일어나지 않았느냐고 묻는 것과 마찬가지이다.

동물이 어떤 구조의 변화를 획득하면 다른 체부도 변화하여 거기에 적응하는 것은 필수적이다. 변이는 몸의 모든 부분에서 일어나는 것이지 필요한 부분만 전진적으로, 적절히 일어나는 것이 아니다. 그리고 자연도태는 느린 과정이므로 현저한 변화가 생기기 위해서 똑같은 조건이 오래 지속되어야 한다. 오랜 지속이란 지질학적 시간을 말하는 것이다.

여기서는 대표적인 학자 브롱(Bronn)과 미바트(St. G. Mivart)의 반박 내용만을 언급하였다. 자세한 것을 원한다면 '종의 기원' 제7장, "Miscellaneous objections to the theory of natural selection"을 참고할 것을 권한다.

종의 대부분이 겪는 것으로 여겨지는 점진적 변이는 돌

발적 변화와 완전히 다른 것이다. 어떤 형태가 내적인 힘이나 경향성에 의하여 돌발적으로 변형되었다는 것을 믿는다면 다수의 개체가 동시에 돌발적으로 변한 것을 입증해야 한다. 환경에 잘 적응된 구조가 돌연 나타났다고 믿어야 하는데, 그 복잡하고 놀라운 적응을 설명할 방법은 없다. 저 모든 것을 인정하는 것은 '과학'의 세계를 떠나 '기적의 세계'로 들어가는 것이다.

제8장 본능

I may here premise, that I have nothing to do with the origin of the mental power, any more than I have with that of life itself. We are concerned only with the diversities of instinct and of the other mental faculties in animals of the same class. [Ref. 1, Chap. 8, p 230.]

내가 생명 자체의 기원에 관해서 관심이 없었던 것 이상으로 지적 능력의 기원에 대해서도 취급할 생각이 없음을 나는 여기서 미리 밝혀 둔다. 다만 동일 강綱에 속하는 동물의 본능과 기타 지적 능력에 대하여 관심을 갖고 있다.

앞서 필자는 다윈의 '종의 기원'의 제목이 생명의 기원을 언급하려는 뉘앙스를 준다고 하였다. 그리고 일반적으로 그렇게 이해하고 있다. 다윈은 생명의 기원에 관한 견해를 그의 저서 속에서 한 번도 언급한 적이 없다. 생명 자체의 기원에 대해서 관심이 없다고 하는 위 서술이 그것을 확인해 준다. 그러나 진화론주의자들의 주장 속에는 생명의 기원이 포함되어 있으며, 그것을 '화학진화'라는 한 마디로 지나갔다. 다윈은 동일 강綱에 속하는 동물의 지적 능력에만 관심이 있다고 술회하고 있다. 이것은 다윈의 관심이 분류학의 강綱을 벗어나지 않고 강綱 이하에 머물러 있었다는 것을 말한다. 그러므로 그가 말하는 '종'은 분류학의 마지막 단계인 'species'를 의미하는 것이지 '생명(life)'이나 '생명체(organism)'를 의미하는 것이 아님이 확실하다.

본능이란 사람의 경우 학습이 필요한 행동을 동물의 어린 새끼까지도 경험 없이 행할 때, 그리고 많은 개체가 그

행하는 목적을 모르면서도 똑같이 행하는 것을 말한다.

> Finally, it may not be a logical deduction, but to my imagination it is far more satisfactory to look at such instincts as the young cuckoo ejecting its foster-brothers, -ants making slaves, - the larvæ of ichneumonidæ feeding within the live bodies of caterpillars, - not as specially endowed or created instincts, but small consequences of one general law leading to the advancement of all organic beings, - namely, multiply, vary, let the strongest live and the weakest die. [Ref. 1, Chap. 8, p 260.]

> 마지막으로, 논리적인 추론은 아닐지 모르지만 내 상상으로 어린 뻐꾸기가 배다른 형제를 밀어내고, 개미가 노예를 만들고, 맵시벌의 유충이 살아있는 모충의 체내에서 그 몸을 파먹는 것은 특별하게 부여되었거나 창조된 본능이 아니라, 생물이 증식하고 변이하며, 약자를 죽여 강자를 살림으로써 진보에 이르게 하는 일반적 법칙이다.

다윈은 본 장에서 개미, 진딧물, 공중제비비둘기, 뻐꾸기, 꿀벌, 박새 등의 동물에게서 볼 수 있는 본능적 행동들을 상세히 설명하면서, 본능도 개체에게 개별적으로 주어진 것이 아니라 변이하는 것이라며 다음과 같은 결론을 내렸다.

자연도태설은 신체적 구조와 마찬가지로 본능에도 적용된다. 본능이란 절대적으로 완전한 것이 아니다. 변화하는 생활조건 속에서 자연도태는 본능을 경미하게 변화시키며, 변화된 것은 유용한 방향으로 축적된다. 그리고 다른 동물의 이익을 위한 본능은 없다. 각각의 동물은 다른 동물의 본능을 이용하는 것일 뿐이다. 본능은 자연의 일반 법칙이며, 변이되어 유전한다.

제9장 잡종

종이란 교잡에 의하여 번식이 가능한 개체군을 말한다. 교잡의 결과가 생식이 가능한지 불가능한지도 종 분류의 한 척도가 될 수 있다. 종으로 분류될 만큼 충분히 다른 개체 사이의 최초 교잡과 그것에 의하여 생긴 잡종은 일반적으로 정도의 차이는 있지만 완전한 생식불능은 아니다. 생식불능성은 정도의 차이가 있고, 조건에 매우 민감하며, 계통적 유사성을 포함하는 복잡한 요인에 의하여 지배된다.

> In the second place, it is almost as much opposed to the theory of natural selection as to that of special creation, that in reciprocal crosses the mail element of one form should have been rendered utterly impotent on a second form, whilst at the same time the male element of this second form is enabled freely to fertilise the first form; for this peculiar state of the reproductive system could hardly have been advantageous to either species. [Ref. 1, Chap. 9, p 274.]

둘째로 상반교잡에서 어떤 한 형태의 웅성요소가 제2형태에 대하여 완전 불임이 되고, 동시에 제2형태의 웅성요소가 제1형태를 자유로이 수정시킬 수 있는 것은 특수한 창조와 마찬가지로 자연도태의 원리에 위배된다. 생식계통의 이런 특이한 상태는 어떤 종에게도 도움이 되지 않기 때문이다.

상반교잡(reciprocal cross)이란 수말과 암당나귀를 교잡하고 다음에 수당나귀와 암말을 교잡하는 것으로, 이때 자손의 불임성의 정도는 달라진다. 이런 특성은 종에게 도움이 되지 않는, 우리가 인지하지 못하는 자연의 경향성에 기인한 것이지 불임성의 정도가 각각에게 다르게 주어졌기 때문이 아니다. 종간, 변종간 교잡에 의한 불임성에 정도의 차이가 있는 것은 종과 변종들 사이에 유연관계의 정도가 다르기 때문이라고 할 수 있다. 이 장에 열거한 여러 가지 사실들에서 불임성의 차이를 보이는 것은 종 사이에 연관성이 있고, 그것이 유동적임을 의미한다.

If we look at species as having been specially created, and at varieties as having been produced by secondary laws, this similarity would be an astonishing fact. But it harmonies perfectly with the view that there is no essential distinction between species and varieties. [Ref. 1, Chap. 9. p 289]

종을 창조된 것으로, 변종을 이차적인 법칙에 따라 생성된 것으로 본다면 그 유사성은 놀라운 것이다. 종과 변종 사이에 본질적 차이가 없다는 견해와 완전히 일치한다.

종은 창조되었고 그것은 변화해왔다. 다윈은 윗글에서 창조를 1차 법칙으로, 진화를 2차 법칙으로 규정하였다. 반복되는 이야기지만 '종의 기원'을 읽다보면 "종은 창조되지 않았다", "이것은 창조설로서 설명될 수 없다"라는 구절이 나온다. 그러나 이것들이 나온 문장전후의 의미를 면밀히 살펴보면 "종은 개별적으로 창조되지 않았다", "이것은 개별적 창조설로서 설명될 수 없다"로 써야 할 것을 '개별적으로'라는 관형구를 생략하고 표현한 것을 많이 본다. 다윈은 창조론을 부정하는 "종은 창조되지 않았다", 또는 진정한 의미의 "이것은 창조설로서 설명할 수 없다"를 말한 적이 없다. 이것이 행간을 읽지 못한 진화론주의자들에 의하여 다윈의 진의가 왜곡되는 시점이고 갈림길이다.

제10장 지질학적 기록의 불완전성에 관하여

생물이 변이해 온 과정을 확인하려면 지층 속에 보존되어있는 화석을 관찰하는 방법 외에 없다. 지금 자연계의 어디에서도 무수한 중간 고리를 볼 수 없는 것은 지층 즉 지질학적 기록이 불완전하기 때문이다. 과거의 무한하고 광대한 시간 속에서 형성된 화석 중에서 우리가 발굴한 것은 지극히 작은 부분에 지나지 않는다. 몸이 연약한 생물은 보존될 수 없고, 뼈는 침전이 쌓이지 않는 바닷속에서 분해하여 소멸한다. 토사나 자갈 속에 매몰된 유물은 지층이 융기했을 때 빗물로 인하여 분해된다. 종이 지층 속에서 보존되는 것은 참으로 우연하고 희귀한 일이다.

앞서 언급된 지질학적 기록이 불완전하다는 것보다 더 중요한 원인으로, 여러 개의 지층이 시간이 경과하면서 분리된 것을 들 수 있다. 한 나라에서 새로운 형태의 생물을 포함한 침전물이 쌓일 때 다른 나라에서는 공백기일 수 있고, 연속하는 지층의 광물적 구성이 변화하는 것은 침전물을 공급하는 육지에 큰 변화가 있었음을 뜻한다. 여기에 광대한 시간 간격이 있었다고 보는 것이 합리적이다.

화석이 풍부한 암층은 침하하는 동안에 형성된 것이고, 유해가 분해되기 전에 묻혀서 보존되는 것은 충분한 침적물이 공급되는 곳에 한정된다. 이것이 융기하여 퇴적층이

해안의 작용 범위에 들어오면 침적된 것은 모두 파괴되어 버린다. 지층은 융기와 침강을 반복하면서 융기하는 시간에 육지와 거기에 접한 바다의 얕은 부분은 면적이 증대하여 생물의 새로운 서식장소가 되고, 이때 변종의 형성은 유리하지만, 지질학적으로는 기록의 공백기이다. 그리고 침하하는 기간에 서식하는 면적, 개체수는 감소하고 멸종하는 것이 많아져 변종이나 종이 형성되는 일은 비교적 적어진다. 화석층이 형성되는 것은 바로 이때이다.

우리의 관심을 하나의 지층에 국한시킬 때, 그 층의 초기와 말기에 생존했던 근연종 사이에 점진적 변종들이 발견되지 않는 것은 이해하기 쉽지 않다. 이것은 지층이 형성되기에 광대한 시간의 경과가 필요하지만, 종이 다른 종으로 변화하는데 필요한 시간에 비하면 짧기 때문이라고 할 수 있다. 한 지층에서 종이 처음 출현한 것을 보고 이것이 다른 곳에서는 존재하지 않았다고 추론하거나, 지층에서 종이 사라진 것을 보고 종이 완전히 멸종했다고 속단하는 것은 금물이다. 고생물학자들은 지질학이 점진적 변이의 연쇄를 보이지 않는다고 하여 종을 불변의 것이라고 주장하면서 다른 종으로 취급하는 경향이 있다. 침하가 물 표면의 변동에 의하여 중단되거나, 그 기간에 기후의 변화가 일어날 수도 있다. 이런 경우 육상에 서식하는 생물은 이주해야 하므로 생물의 변화에 대한 자세한 기록은 어느 암층에도 온전히 보존될 수 없는 것이다. 그러므로 종의 연쇄를 지층에서 완벽하게 발견하는 것은 불가능하다.

종이 어떤 지층에 갑작스럽게 출현하는 것은 종의 변이를 주장하는 사람들에게 치명적이라고 주장하는 사람들이 있다. 화석을 풍부하게 포함하고 있는 지층은 왜 캄브리아기 이전에 발견되지 않는가에 대하여 설명하는 것은 어려운 일이다. 지금으로서는 이것을 해명할 수 없는 채로 남겨둘 수밖에 없다. 다만 설명의 가능성을 열어놓기 위하여 이 퇴적이 일어난 지역은 현재의 북유럽과 북미의 순상지(楯狀地, shield, 가장 오래되고 안전한 지층이 방패처럼 노출되어 있는 대륙, 예) 캐나다, 시베리아, 아프리카 대륙의 순상지 등) 같은 육지의 부근이 있었을 것이라고 가정할 수 있다. 이것이 침강하고 거기에 침전물이 쌓이면 그렇게 될 수 있다.

다윈은 지질학적 기록의 불완전성을 라이엘의 비유를 인용하여 이렇게 설명하고 있다. "우리는 세계의 역사 속에서 두세 나라에 관한 마지막 한 권만을 가지고 있다. 이 마지막 한 권도 짤막한 장들로 구성되어 있으며, 이어지는 각 장마다 변화해가는 언어의 단어들이 지층 속에 묻혀 있다 돌연 외관을 드러내 생물체를 대표하고 있다." 이런 견해라면 앞의 난점들은 크게 문제되지 않는다.

제11장 생명체의 지질학적 연속성에 관하여

생물의 지질학적 연속성은 종의 불변설과 일치하는가 아니면 자연도태설과 일치하는가? 서로 다른 속이나 강에 속한 종은 같은 속도나 같은 정도로 변화해온 것이 아니다. 현존하는 악어가 히말라야의 퇴적층에서 발견되고, 실루리아기(고생대 중기)의 링굴라 조개는 현존종과 유사하다. 이런 사실들은 모든 생물이 돌연히 그리고 동시에 변한다는 법칙과 달리 자연도태설과 잘 일치한다. 종의 변이는 다른 종의 변이와 무관하고, 변이의 개체적 차이가 자연도태에 의하여 축적되어 영구적 변이가 되는 것은 종을 둘러싸고 있는 환경에 따라 달라지기 때문이다. 생물이 개량되어 변화할 때 개량되지 않는 것이 멸종하기 쉽다는 생존 경쟁의 원리로 이해할 수 있다.

이미 달라지기 시작한 생물은 앞으로도 다른 패턴으로 변화할 수 있기 때문에 한 번 사라진 종은 동일한 조건이 다시 찾아온다 하더라도 결코 재현되는 일은 없다. 이 규칙은 동일군의 모든 종은 아무리 오래 계속된다 하더라도 공통조상으로부터 나와 변화된 자손이기 때문에 자연도태설과 잘 일치한다.

생명이 시작된 후 어떤 군은 지금까지 존속해 왔고, 어떤 종은 고생대가 끝나기 전에 절멸하였다. 종과 속의 존속기간을 결정하는 법칙은 없다. 자연도태설은 새로운 변종이 경쟁상대보다 유리한 이점이 있을 때 발생하고 유지되며, 그 결과로 불리한 쪽이 절멸한다는 원리에 입각하고 있다. 종이 개량되고 변화된 자손은 조상종 멸망의 원인이다. 하나의 종에서 새롭고 많은 종류가 발달할 때 그것의 근연종이 가장 멸종하기 쉬운 것은 자연도태 이론과 잘 일치한다.

  고생물학적 발견에 따르면 전 세계에서 생물체가 동시에 변화한다는 사실은 놀라운 일이다. 유럽에서 발견되는 백악층(白堊層, 암모나이트, 공룡이 소멸한 시기)은 북미, 남미, 인도, 희망봉 등에서도 발견되며, 이처럼 멀리 떨어진 곳에서 발견되는 생물의 잔해는 유사성을 보이고 있다. 이 사실은 그 원인이 국부적이고 일시적인 것에 기인하는 것이 아니라, 전 세계 동물을 지배하는 일반적인 법칙이 있다는 것을 말하여 준다. 생물 변화의 이 평행적 연속성은 자연도태설로 잘 설명된다. 가장 널리 분포하고, 가장 우수한 변종이 새로운 변종을 발생시킬 기회를 가장 많이 갖는 것은 자연스러운 일이다. 전 세계를 통하여 동시적인 평행 변이는 부모종이나 다른 종에 비하여 특별한 이점이 있기 때문에 우세한 것이고, 이 종이 전파되고 분포하여 새로운 종을 만들어 간다는 것은 자연도태설의 원칙이다.

  절멸종과 현존종 사이에 유연관계가 있다. 종은 오래되면 오래될수록 몇몇 형질에 의하여 현재 멀리 떨어져 있는 군들을 결합시키는 경향이 있다. 오래된 것일수록 가깝다는 견해는 자연도태설 이외의 어떤 것으로도 설명되지 않는다. 따라서 지구 역사상 특정 시기에 존재하는 생물은 형질에 있어 그 이전과 그 이후에 살았던 것의 중간적인 것이라는 사실은 명백하다. 변화를 수반하는 유래설 입장에서 본다면 같은 지역 안에서 동일형이 오랫동안 불변으로 존속하는 것이 아니라 자연도태 즉 연속적으로 변화해 간다는 것은 법칙이다.

제12장 지리적 분포

현재 지구상의 생물분포를 살펴보면 생물들 사이의 유사성이나 기후 등의 물리적 조건으로 설명 불가능한 것이 있다. 광대한 미국대륙을 중앙으로부터 남쪽 끝까지 여행하다보면 습윤 지역, 건조 지역, 높은 산악, 초원, 삼림, 늪지, 호수, 강 등 다양한 조건을 만난다. 구세계(유럽대륙)의 조건이 신세계(미국대륙)의 것과 여러 면에서 일반적 평행성이 있고, 이로부터 도출되는 결과는 다음과 같다.

1) 신세계와 구세계의 동물상(fauna), 식물상(flora)에는 유사성이 있다.
2) 두 세계에서 장애물이 종의 이동에 미친 영향이 있다.
3) 동일 대륙, 바다에서 생물들은 종이 달라도 유사성이 있다.

이런 현상은 형질의 물려받음(inheritance)에 기인한다. 이런 견해라면 같은 속의 수많은 종이 세계의 넓은 지역에 분포되어 산다 할지라도 원래는 똑같은 원산지에서 나온 것이 분명하다. 그 형질들은 같은 조상에서 유래한 것이기 때문이다. 지질시대 전체를 통하여 미소한 차이를 나타내는 종을 이동해온 것이라고 믿는 것은 어려운 일이 아니다. 다른 조상으로부터 온 종이 자연도태에 의하여 우연히 완전한 동일 개체로 발생될 수 있다고 생각할 수 없기 때문이다.

지금까지의 내용을 '가상적인 창조의 단일 중심(Single Centres of supposed Creation)'이라는 짧은 표현으로 압축할 수 있다.

We are thus brought to the question which has been largely discussed by naturalists, namely, whether species have been created at one or more points of the earth's surface. Undoubtedly there are many cases of extreme difficulty in understanding how the same species could possibly have migrated from some one point to the several distant and isolated points where now found. Nevertheless the simplicity of the view that each species was first produced within a single region captivates the mind. [Ref. 1, chap. 12. p 350.]

우리는 이렇게 하여 학자들이 광범위하게 논의했던, 종이 지구 표면의 한 곳에서 창조되었을까 아니면 여러 지점에서 창조되었을까 하는 문제에 이르게 되었다. 동일종이 한 곳에서 멀리 떨어진 고립된 지역까지 어떻게 이동하였는지를 이해하는 것은 어려운 경우가 많은 것이 사실이다. 그럼에도 불구하고 각각의 종이 처음에 한 장소에서 생성되었다는 견해의 단순함은 우리의 마음을 사로잡는다.

다윈의 사고 바탕에 창조의 개념이 자리 잡고 있음을 다시 보여주는 것이다. 앞서 "하나님이 한국에 오셔서 작은 대추를 만드시고, 중국에 가셔서 큰 대추를 만드셨을까?"의 질문을 제시한 바 있다. 이것이 그것에 대한 답이다.

> A volcanic island, for instance, upheaved and formed at the distance of a few hundreds of miles from a continent, would probably received from it in the course of time a few colonists, and their descendants, though modified, would still be related by inheritance to the inhabitants of that continent. Cases of this nature are common, and are, as we shall hereafter see, inexplicable on the theory of independent creation. [Ref. 1, chap. 12, p 352.]

예를 들면, 대륙에서 수 백 마일 멀리 떨어진 곳에 솟아올라 형성된 화산섬은 오랜 시간이 경과하는 동안 대륙으로부터 소수의 이주자를 받아들였을 것이고, 그 이주자의 후손들은 다소 변했다 하더라도 유전에 의하여 대륙의 서식자와 명백히 연결되어 있다. 이런 특성은 보편적인 것이며, 뒤에서 보겠지만 독립적(개별적) 창조론으로 설명할 수 없다.

화산섬이란 대륙으로부터 멀리 떨어진 바다의 한 가운데 섬을 말한다. 멀리 떨어진 곳이지만 대륙의 종과 유사한 종이 서식하는 것은 대륙의 서식자와 연관 관계가 있다는 것이다. 창조자가 대륙에서 창조한 것을 섬에 와서 개별적으로 다시 똑같이 창조했을 리 없다. '개별적 창조'를 부인하고 '창조의 단일 중심'을 염두에 둔 것이다. 지구상의 한 곳에서 창조된 종이 각 곳으로 퍼져나가는 방법에 대하여는 '종의 기원' 12장의 후반부와 13장의 '지리적 분포(계속)'에 상세히 기술되어 있다. 그것을 참고하면 된다.

제13장 지리적 분포(계속)

본 장에서는 생물의 지리적 분포에 관한 고찰로부터 개별적 창조설의 불합리성과 자연도태론의 필연성을 기술한다.

He who admits the doctrine of the creation of each separate species, will have to admit that a sufficient number of the best adapted plants and animals were not created for oceanic islands; [Ref. 1, chap. 13. p 379.]

종이 개별적으로 창조되었다는 학설을 믿는 사람은 대양의 섬들에 충분한 수의 식물이나 동물이 창조되지 않았다고 해야 할 것이다.

대양(태평양과 같은 큰 바다)에 있는 섬에서 종의 수는 대륙보다 적다. 켐브리지와 같은 작은 도시에 847 종의 식물이 있고, 앵글시(Anglesea, 웨일즈 인근 북서쪽의 섬)와 같은 본토 부근의 작은 섬에도 764 종이 서식하는데, 대양의 섬이라 할 수 있는, 남북으로 780마일에 걸쳐 펼쳐진 뉴질랜드에는 960종의 꽃식물 밖에 없다. 이와 같이 큰 바다의 섬과 수적으로 차이가 나는 것은 어떤 요인에 의한 것인지 규명되어야 할 일이지, 개별적 창조설로 대양 섬에 조물주가 적은 수의 종을 창조한 것이라고 설명한다면 이것은 불합리하다.

바다 한 가운데 섬들 가운데 한 목의 동물이 전혀 없는 경우가 있다. 어떤 섬에서는 양서류가 전혀 발견되지 않는다. 이와 같은 예는 뉴질랜드, 뉴칼레도니아, 안다만 제도, 솔로몬 제도, 세이셸 군도 등에서 확인된다. 이 많은 섬에 개구리, 두꺼비, 도롱뇽이 살지 않는 것은 자연환경의 영향만으로 설명할 수 없다. 왜 그곳에만 그것들이 창조되지 않았는지, 개별적 창조설이 합리적인 것이라면 그곳에까지 창조할 시간이 없었기 때문이라고 할 것인가?

서인도 제도는 깊이가 1000 패덤(1 패덤 = 6 피트)이나 되는 깊은 바다의 해안에 자리 잡고 있다. 여기에 미국의 종이 나타난다. 동물상을 갈라놓은 바다의 깊이와 그 현상들 사이에 개별적 창조설로 설명되지 않는 관계가 있는 것을 알 수 있다. 이런 사실들은 과거에 모든 섬들이 대륙과 연결되어 있었다는 이론보다, 시간이 흐르면서 다양한 수송 방법이 효과를 냈다고 설명하는 것이 더 타당할 것이다.

섬에 사는 생물이 본토의 것과 관계가 있다는 것은 종이 개별적으로 창조되었다는 원리로 설명되지 않는다. 가까운 것으로부터 이주해 온 것을 인정하고, 이주한 생물이

새 환경에 적응했다는 사실만 믿으면 된다.

> And we are led to this conclusion, which has been arrived at by many naturalists under the designation of single centres of creation, by various general considerations, more especially from the importance of barriers of all kinds, and from the analogical distribution of sub-genera, genera, and families. [Ref. 1, chap. 13. p 391.]

> 또 우리는 많은 학자들이 다양한 고찰, 특히 각종 장애물의 중요성과 아속, 속, 과의 유사한 분포를 고찰하고 '창조의 단일 중심'이라고 했던 그 결론에 이르게 되었다.

많은 시간이 흐르는 동안 종이나 이에 가까운 모든 개체가 하나의 근원에서 나왔다는 사실을 인정한다면 지리적 분포는 그들의 후속 변화와 새로운 개체 증식이라는 이론으로 설명된다. 지난 과거에 생물의 변이를 지배해 온 법칙은 오늘날도 지배하고 있다. 각각의 종과 군은 시간적으로 연결되어 있으며, 이 규칙을 벗어나는 것처럼 보이는 것은 퇴적층 사이에서 결손된 층을 찾지 못했기 때문이다. 이것은 공간에 대해서도 마찬가지이다. 한 종 또는 군이 서식하는 곳은 옛날에 연결되어 있던 것이 일반적 규칙이며, 과거의 다른 조건 속에서 특별한 이송 방법에 의하여 전해진 것으로, 또는 중간에 절멸된 것으로 설명될 수 있다. 오랜 시간의 흐름 속에서 어떤 강綱은 큰 차이가 없는 반면 어떤 종은 뚜렷하게 변이한 것을 볼 수 있다. 종은 시공을 통하여 생식이라는 공통의 관계로 맺어져 있기 때문에 연결된다. 변이의 법칙은 어느 경우나 동일했고, 변화는 자연도태라는 수단에 의하여 축적되어 왔다.

제14장 생물의 유연, 형태학, 발생학, 흔적기관

생물은 변이와 자연도태 과정을 거쳐 최초의 종으로부터 새로운 종으로 변화되면서도 닮은 계통적 성격이 있어 그 유사성에 따라 분류하는 것이 가능하다. 변화하는 종의 자손은 자연의 질서 안에서 가능한 한 다양하게 다른 장소를 차지하려 하면서 끊임없이 분화되어 가는 경향이 있고, 개체수가 늘고 형질이 분기한 종은 앞서가는 종을 구축하는 경향이 있다. 그 과정에서 태고로부터 조상에게서 유래한 것을 전해주려 한다. 유래된 형질이 하나이든 그 이상이든 그것에 의존하여 생물은 분류된다.

학자들은 '자연의 체계(natural system)'라고 불리는 문, 강, 과, 속, 종에 따라 생물을 배열하려고 한다. 그러나 이것은 가장 많이 닮은 것을 한데 묶고, 닮지 않은 것을 분리시키는 인위적 방편에 불과하다.

> But many naturalists think that something more is meant by the Natural System; they believe that it reveals the plan of the Creator; but unless it be specified whether order in time or space, or both, or what else is meant by the plan of the Creator, it seems to me that nothing is thus added to our knowledge. [Ref. 1. Chap. 14, p 396.]

그러나 많은 학자들은 '자연의 체계'라는 것이 더 많은 어떤 것을 의미하는 것으로 생각한다. 그들은 '자연의 체계'가 창조자의 계획을 나타내는 것이라고 믿고 있다. 그러나 창조자의 계획이란 시간 혹은 공간, 또는 이 둘 안에 있는 질서를 의미하는 것인지, 아니면 다른 무언가를 의미하고 있는지, 그것이 정확히 밝혀지지 않는 한 우리의 지식에 보탬이 되는 것은 아무것도 없다.

'자연의 체계'(Natural System)란 '분류학'(taxology)이 취급하는 진화계통수(進化系統樹, evolutionary tree)를 말한다. '분류학'이란 태초로부터 전해 내려온 계통의 공통성을 인간인 학자가 의도를 가지고 판단하여 한데 묶은 것이기 때문에, 하나님의 뜻 즉 '창조자의 계획'(the plan of the Creator)과 무관할 수밖에 없다. 다윈이 언급하는 '창조자의 계획'이란 무엇일까? 그것은 인간의 사고 영역 밖의 일이다. 하나님의 계획은 인간이 알 수 없는 것이기 때문에 분류학, 형태학(morphology)은 영원히 완성될 수 없는 학문이다. 이것이 인간의 한계이다. 여기서 'the Creator'를 언급한 것은 그가 조물주 하나님을 떠올린 것이다.

겉모양의 유사성이란 혈통관계가 없는 상사적 형질(相似的 形質, analogy, 발생기원이 다르나 기능이 일치하는 형질, 새와 잠자리의 날개)이다. 분류란 창조자의 계획과 관계없이

학자가 대상의 겉보기 공통성을 바탕으로 한데 묶은 것에 불과하다. 생명체를 연결하는 닮음의 본질이란 조상종을 우세하게 만들었던 이점을 물려받아 약한 군을 밀어내고 자신의 지위를 확보하는 능력의 원천이다.

형태학(morphology)이란 박물학의 기본적 요소이다. 사람의 손, 두더지의 앞발, 말의 다리, 돌고래의 물갈퀴, 박쥐의 날개는 모두 같은 구성으로 되어있고, 상대적으로 동일한 위치에 동일한 양식의 뼈로 구성되어 있다. 이 형태는 공통조상으로부터 유래된 관계를 암시한다. 각각의 동물이 개별적으로 창조되었다는 사고방식에 따르면 창조주는 각각의 동물과 식물을 커다란 강綱 속에 동일하게 만들었다고 할 수 있는데, 이 설명은 과학적이지 못하다. 그러나 점진적으로 일어나는 자연도태론에 따른다면 설명은 가능해진다.

포유류, 조류, 도마뱀, 거북의 배(胚, embryo)는 초기에 크기만 다를 뿐 모양은 유사하다. 도마뱀이나 포유류의 다리, 조류의 날개와 다리, 사람의 손과 발도 초기의 배에서는 구별되지 않는다. 그리고 그 유사성은 더 나이가 들 때까지 지속된다. 배아는 생활환경에 직면한 것이 아니기 때문에 초기 상태에서 생존조건과 무관하지만, 먹이활동이 시작되면 사정은 달라진다. 배의 여러 부분이 결국 다른 것이 되고, 다른 목적의 일을 함에도 불구하고 성장 초기에 매우 닮아있다는 것을 어떻게 설명할 수 있을까? 사람의 경우 아이의 키가 클지 작을지, 얼굴이 어떻게 될지 장담할 수 없다.

발생학의 중요한 사실은 하나의 조상에서 나온 변이가 일생 중의 특정 시기에 발현된다는 사실이다. 이런 이유로 배胚가 유사한 것은 희미하게나마 같은 강綱에 공통조상이 있을 것이라고 상상할 수 있는 실마리를 제공하며, 배胚가 그것을 직접 육안으로 볼 수 있는 그림이라고 생각하는 것은 대단히 흥미로운 일이다.

포유류 수컷의 유방, 뱀의 골반과 뒷다리, 고래 태아의 이빨, 소의 태아에 뚫고 나오지 못한 이빨, 새 부리의 이빨 흔적 등은 고등동물에게서 흔히 볼 수 있는 흔적기관(rudimentary organ)이다. 두 목적을 가진 기관 중에서 하나는 발전이 정지된 흔적인 것이 되고, 다른 하나는 한 목적을 위해서 완전해지는 경우가 많다. 상동관계를 보면 흔적기관은 동일 강綱에서 보편적이다. 용불용用不用의 여부가 흔적기관 생성의 주원인이라고 생각된다. 기관이 사용되지 않을 경우 자연도태는 경제 원칙에 따라 그 기관을 위축시켜 흔적으로 만들어 버리므로 흔적기관은 자연도태의 영역에 포함되어 있는 것이다. 흔적기관은 여러 단계를 밟아 쓸모없는 상태가 된 것이므로 옛날에 일어난 일의 기록이며, 유전에 의하여 보존되어 왔기 때문에 분류학자가 생물을 분류할 때 유용하다.

제15장 요약과 결론

본 장은 앞선 제1장~제14장의 요약이다. 다윈의 자연도태에 대한 확신과 창조를 바라보는 시각이 여기에 집중되어있다. 앞서 상술되었던 과학적 사실의 중복을 피하고 진화와 창조에 대한 그의 개념에 초점을 맞추어 살펴보기로 한다. 인용된 많은 원문들은 다윈의 이해를 더욱 용이하게 할 것이다.

이 책은 전체가 긴 줄거리이므로 간략하게 요약하는 것

이 독자에게 편의를 줄 것이다. 기관이나 본능을 소유한 개체에게 유리한 변이나 자연도태가 누적된다는 사실을 믿기는 쉽지 않다. 그러나 다음의 몇 가지 명제를 인정한다면 그렇게 어려운 일도 아니다.

생명체의 구조와 본능은 개체적 차이를 보이고, 그것이 보존되도록 생존 경쟁하고 있으며, 각 기관의 완성된 형태는 그 종에 유익하도록 점진적 변화를 해 왔다. 그러나 여기에는 반론도 있다. 종간의 첫 교잡에서 불임성이 되고, 변종간의 교잡이 생식력을 갖는 것은 대조적이다. 교잡에 의하여 태어난 잡종은 다른 체제를 합한 것이므로 생활조건의 변화에 기인한 것으로 볼 수 있다.

지리적 분포로 눈을 돌리면 변화를 동반하는 혈통의 이론에서 마주치는 난점은 상당히 심각하다. 동일 속이나 종의 모든 개체는 공통조상에서 비롯된 것으로, 멀리 떨어져 사는 것은 세대를 거치면서 지역을 옮겨간 것이다. 지구의 역사에 있었던 기후적, 지리적 변화에 대하여 정확히 알 수 없지만, 그것들의 변화가 개체를 이주하게 만들었을 것이다.

1) 자연도태설에 의하면 모든 종은 점진적 단계로 연결되어 있는데, 그것들을 연결하는 중간단계는 왜 발견되지 않는 것일까?
2) 절멸종과 그 이전 종 사이의 연쇄는 있을 것인데 지층에서 그런 연쇄는 왜 발견되지 않는 것일까?
3) 근연종의 군은 연속적인 지질학적 단계에서 왜 갑자기 출현한 것처럼 보이는가? 그리고 조상의 유물을 포함하고 있는 지층은 왜 발견되지 않는 것일까?

이런 지층은 지구의 역사 미지의 시기에, 그리고 미지의 어딘가에 틀림없이 퇴적되어 있을 것이다. 이런 반론에 대하여 지질학적 기록은 우리가 생각하는 것보다 훨씬 불완전한 것이라고 답할 수 있다. 지질학적으로 발굴된 것은 전체에 비하면 지극히 일부로 무無에 가까울 정도이다. 그리고 종이 변화하는 시간은 그 형태를 유지하는 시간에 비하여 대단히 짧을 것이다. 대부분의 경우 지층이 접속되어 있다 하더라도 그것은 긴 시간의 공백으로 분리되어 있다. 침전은 침강하는 동안에 쌓이기 때문에 융기하거나 정지한 기간 사이의 기록은 공백이 될 것이며, 이 시간 사이에 생명체는 변이와 절멸을 하게 된다. 지질학적 기록이 완전하지 못하다는 것은 누구나 인정한다. 그러나 연속된 지층에서 나온 화석은 멀리 떨어진 지층에서 나오는 유물보다 훨씬 밀접한 관계를 갖고 있다. 따라서 종의 변화는 점진적이었다고 할 수 있다.

변이란 상관적인 성장, 보상, 용불용, 물리적 조건의 작용 등 여러 복잡한 법칙에 의존하지만, 인간이 그것을 발생시킬 수는 없다. 인간은 그것을 선택하여 누적시키고 보존하여 자기에게 이익이나 즐거움을 주는 적합한 것으로 만들어 간다. 그리고 사육 재배 하에서 일어나는 이런 작용은 자연에서도 똑같이 일어난다.

모든 생물은 기하급수적으로 증가하여 생존할 수 있는 수보다 많기 때문에 생존 경쟁은 필연적인 것이다. 치열한 경쟁 속에서 종의 증가와 절멸을 결정하는 것은 미세한 균형의 차이이다. 오랜 시간이 지나는 동안 자연이 생물의 모든 체질이나 구조 및 습성을 살펴서 유용한 것을 택하고 해로운 것을 배제하는 작용을 제한할 수 없다. 따라서 자연도태설은 진실한 것이다.

여기에 전개되는 내용은 진화가 창조의 상대론이 될 수 없는 근거를 '종의 기원'으로부터 도출한 것이다. 결론부터 말하면 창조를 부정한 것은 다윈이 아니라 진화론주의자들이었다. 다윈은 창조를 1차 법칙으로, 진화를 2차 법칙으로, 하나님이 창조하신 원형을 종(species)으로, 그리고 진화의 결과로 나타난 것을 변종(varieties)으로 규정하였다. 종과 변종은 겉보기로 다소 다르지만 본질은 다르지 않다. 다윈이 관찰한 사실로부터 얻은 확신이다.

> On the view that species are only strongly marked and permanent varieties, and that each species first existed as a variety, we can see why it is that no line of demarcation can be drawn between species, commonly supposed to have been produced by special acts of creation, and varieties which are acknowledged to have been produced by secondary laws. [Ref. 1, Chap. 15, p 446.]

종이란 뚜렷한 특징을 갖는 영속적 변종이며, (우리가 보는) 처음부터 변종으로 존재했었다는 견해에 입각하면, 특수한

> 창조 행위에 의하여 만들어진 종과 이차적 법칙(진화)에 의하여 만들어진 변종 사이에 경계선을 그을 수 없는 이유를 알 수 있다.

위 내용은 창조를 부정한 것은 다윈이 아니고 진화론주의자들이라는 사실을 증명하는 것이다. 다윈은 여기에서 "창조 행위에 의하여 만들어진 종" 그리고 "진화에 의하여 만들어진 변종"이라고 분명히 말하고 있다. 이런 명백한 사실을 두고 왜 다윈이 창조를 부정한 사람의 원조라고 누명을 씌우는지 이유를 알 수 없다. 지금 우리가 관찰할 수 있는 생명체는 창조 이후 광대한 시간 속에서 도태되어 온 변종이며, 지질학적 불완전성 때문에 원종의 증거는 영원히 확인할 수 없으므로 종간種間의 경계를 정의하는 것은 불가능하다는 뜻이다. 진화란 종이 불변한다는 고정 사고에서 보면 기이한 것이지만, 우리가 현재 관찰하고 있는 개체는 1차 법칙(창조) 이후 2차 법칙(진화)에 의하여 변이되어온 것이라는 사실을 인정하지 않을 수 없음을 말하고 있다.

변종은 지금도 생산되고 있다. 현재 우리가 보는 종이 변종이 아닌 원종이라면 종들 사이에 구획선을 긋는 것은 가능하다. 그러나 지금 관찰하는 종은 모두 창조 행위 이후 도태되어온 변종이며, 그로 인하여 원종은 어떤 방법으로도 확인될 수 없기 때문에 종간의 경계는 영원히 정의할 수 없다.

> These are strange relations on the view that each species was independently created, but are intelligible if each existed first as a variety. [Ref. 1, Chap. 15, p 446.]
>
> 이것들은 각각의 종이 독립적으로 창조되었다는 견해에서 보면 이상한 이야기가 되지만 각각이 처음부터 변종으로 존재했었다면 이해될 수 있다.

여기서 '종이 독립적으로 창조되었다'는 말은 종이 변하지 않는다는 것이다. 그리고 '이것들'이란 어떤 한 속의 다수 종이 발생하고 있는 지역에서 많은 변종이 생산된다는 것과 변종이나 초기종을 많이 생산하는 큰 속의 종은 어느 정도 변종의 성격을 띤다는 두 가지를 지적하고 있다. 따라서 위 둘은 종 불변의 개념 즉 개별적 창조의 개념으로 설명할 수 없으며, 자연도태의 개념에 바탕을 두었을 때만 이해가 가능하다.

> This grand fact of the grouping of all organic beings under what is called the Natural System, is utterly inexplicable on the theory of creation. [Ref. 1, Chap. 15, p 447.]

> 모든 생물이 '자연의 체계'라는 형식 하에서 분류된다는 위대한 사실은 (개별적) 창조론으로 설명할 수 없는 것이다.

필자는 번역문 안에 본문에 없는 (개별적)을 삽입하였다. 분류가 가능한 것은 조상과 자손 사이에 유사성이 있다는 것이고, 유사성은 도태를 의미한다. 따라서 '자연의 체계' 즉 분류는 개별적 창조론으로 설명할 수 없다. 때문에 (개별적)이 들어가야 논리적으로 맞다. 다윈을 이런 생략법을 종종 사용하였고, 이 생략법은 다윈의 창조개념이 진화론주의자들에 의하여 곡학되어 창조론 부정의 빌미를 주는 계기가 되었다.

'자연의 체계'는 생물의 분류법을 뜻한다. 모든 종은 기하급수적으로 증가하여 개체를 무한히 증가시키려는 경향이 있으며, 변화된 자손은 습성이나 구조에서 더욱 복잡해지며, 자연도태는 하나의 종에서 분기된 자손을 보존하려는 경향이 있다. 그리고 경미한 차이는 동일 속에서 종의 특징을 나타내는 더 큰 차이로 확대되려는 경향이 있다. 개량된 종은 변화가 적은 종을 구축하여 절멸시키고 자신이 그 지위를 차지한다. 결과적으로 큰 군은 형질을 분기시키려는 큰 경향을 갖는다. 이 경향성은 필연적인 것으로 절멸과 더불어 모든 생물체가 군에 종속되고 배치되는 근거이다. 이것을 그림으로 나타낸 것이 자연도태에 근거를 둔 분류학의 계통수系統樹이며, 이것은 개별적 창조설로 설명되지 않는다.

자연은 비약하지 않는다.(Natura non facit saltum) 이것이 그의 고정 사고였다. 자연도태는 경미하게 일어나는 유리한 변이를 점진적으로 누적하는 방식으로 작용하므로 크고 급격한 변화일 수 없다.

각각의 종이 개별적으로 창조된 것이라면 왜 도태나 진화가 자연의 법칙이 될 수 있는지 설명되지 않는다. 우리가 현재 보는 종은 하나님이 창조했던 원형이 아니다. 혁신은 눈에 띄는 큰 거시적 변화, 즉 원숭이가 사람이 되는 것과 같은 변화, 변이는 눈에 띄지 않는 작은 미시적 변화를 말한다. 한 어미 닭에서 나온 알의 병아리 깃털색이 모두 다른 것과 같은 현상이다.

> With both varieties and species, reversions to long-lost characters occasionally occur. How inexplicable on the theory of creation is the occasional appearance of strips on the shoulders and legs of the several species of the horse-genus and of their hybrids! [Ref. 1, Chap. 15, p 449.]

> 변종이나 종에서 오랫동안 소실되었던 형질로의 복귀가 가끔 일어난다. 마속馬屬에 속하는 종이나 잡종의 어깨, 다리에 때로 줄무늬가 나타나는 것은 (개별적) 창조설로 얼마나 설명하기 어려운가!

앞에서 진화론주의자들이 무엇을 잘못 알고 있으며, 어

떤 오류를 범하고 있는지를 뒤에서 지적한다고 하였다. 이 부분이 바로 진화론주의자들이 다윈을 창조 부정의 원조로 내세우는 배경을 직접적으로 보여주는 대목 중의 하나이다. 필자는 원문에 없는 (개별적)이라는 수식어를 괄호로 표시하여 번역문에 넣었다. 그 이유를 설명하는 것이 그들의 오류를 지적하는 것이다.

유전학에 격세유전(隔世遺傳, atavism)이라는 유전 방식이 있다. 형질이 몇 세대 건너 발현되는 현상이다. 예를 들면, 다리에 줄무늬를 가진 당나귀가 새끼를 낳으면 줄무늬 없는 것이 나오고, 이것이 다시 새끼를 낳으면 줄무늬 있는 것이 나온다. 줄무늬가 한 세대 건너 발현된다. 이 현상은 줄무늬 있는 것이 없는 것으로 변이하고, 줄무늬 없는 것이 있는 것으로 변이한 것이지, 하나님이 시시각각 다른 것으로, 개별적으로 창조한 것을 의미하지 않는다. 줄무늬를 나타내는 유전자 인자가 개체 속에 잠재되어 있다 간헐적으로 나타나는 현상으로 설명할 수 있다. 줄무늬 있는 것과 없는 것이 개별적으로 창조된 것 즉 다른 동물이 아니라는 의미이다.

할아버지는 노래를 잘하셨는데 아버지는 노래를 못하신다. 그런데 손자는 또 노래를 잘한다. 그러면 아버지와 손자는 다른 종일까? 하나님은 할아버지와 아버지, 손자를 개별적으로 창조하셨는가?

그러므로 위 문장에는 '개별적'이라는 수식어가 들어가 "다리에 때로 줄무늬가 나타나는 것은 (개별적) 창조설로 얼마나 설명하기 어려운가!"라고 해야 논리적으로 맞다. 다윈의 의중에 있던 '개별적'이라는 수식어가 생략된 것을 간파하지 못하고 거두절미하여 "이것은 창조설로 얼마나 설명하기 어려운가!"라고 하면 창조의 부정이 되는 것이다. 진화론주의자들이 말하는, 다윈이 창조를 부정했다는 근거가 이것이다. 이렇게 이해하는 것을 행간行間을 읽는다고 한다. 창조론을 부정하고, 다윈의 진의眞意를 곡학曲學하는 진화론주의자들의 허점은 '종의 기원'의 이런 행간을 읽지 못한 데 있다.

On the ordinary view of each species having been independently created, why should specific characters, or those by which the species of the same genus differ from each other, be more variable than generic characters in which they all agree? [Ref. 1, Chap. 15, p 449.]

각각의 종이 개별적으로 창조되었다는 견해로 볼 때, 종이 지니고 있는 형질이나 그것의 속을 다르게 하는 형질들은 일치하는 형질보다 어째서 변이하기 쉬운가?

많은 종이 공통조상에서 나온 이래 다른 정도의 변이 및 변화를 경험하였고, 특정 부분이 변이하기 쉬울 수도 있음을 추론하고 있다. 창조된 이후 변이, 도태의 경로 및 정도가 다를 수 있다는 것이다.

추가적으로, 본능은 놀라운 것이지만 이것도 신체구조처럼 점진적으로 변화하는 것이며, 도태로 설명될 수 있다. 습성도 본능의 변화에 의존한다는 것을 설명하고자 꿀벌의 집 짓는 습성이 점진적으로 변화한다는 것을 설명한 바 있다. 같은 속의 종이 공통조상에서 비롯되었고, 많은 것을 공통적으로 물려받았다면 근연종은 다른 환경에서 왜 똑같은 본능을 발휘하는지, 즉 열대나 남미의 티티새가 영국종과 똑같이 둥지에 흙을 바르는지는 이해할 수 없는 것이다. 본능도 완전한 것이 아니므로 자연도태에 의하여 서서히 변한다는 것을 인정해야만 한다.

저자 註: 최근 스페인의 연구소에 의하여 티티새의 유전자에 변형이 일어난 것이 확인되었다.

> I see no good reason why the views given in this volume should shock the religious feelings of anyone. It is satisfactory, as showing how transient such impressions are, to remember that the greatest discovery ever made by man, namely the law of the attraction of gravity, was also attacked by Leibnitz, "as subversive of natural, and inferentially of revealed, religion." A celebrated author and divine has written to me that "he has gradually learnt to see that it is just as noble a conception of the Deity to believe that He created a few original forms capable of self-development into other and needful forms, as to believe that He required a fresh act of creation to supply the voids caused by the action of His laws." [Ref. 1, Chap. 15, p 455.]

이 책에서 내가 말한 견해가 왜 사람들의 종교적 감정에 충격을 주었는지 적당한 이유를 모르겠다. 그런 생각이 얼마나 덧없는 것인지를 알고자 한다면, 인간의 가장 위대한 발견인 만유인력의 법칙이 자연적이고 계시적인 종교를 파괴하기 위한 것이라고 공격한 라이프니츠를 기억하는 것으로 충분하다. 유명한 저술가이자 신학자인 한 사람은, 스스로 발전하여 다른 형태가 될 수 있는 소수 생명체의 원형을 하나님이 창조하신 것은, 그가 자신의 법으로 만든 공간을 채우기 위하여 창조 행위를 했다는 사실 만큼이나 고귀한, 조물주의 뜻이라는 사실을 차츰 알게 되었다고 나에게 편지해 왔다.

객관적인 과학적 사실의 출현을 놓고 왜 종교와 관련 지는가의 냉소이다. 여기서 독자들은 the Deity, He, His 들이 문장 중에 대문자로 쓰인 것에 유의하기 바란다. 창조주를 나타내는 것이다. 다윈의 이런 독백과 내막을 간과하면서 진화론이 마치 창조론의 저격수인 양 맞대놓고 창조론은 이제 폐기되어야 할 운명에 있는 것처럼 장황한 이야기를 하는지 알 수 없다. 뒤에서 다시 언급되지만, 다윈은 창조의 영역을 자신이 접근할 수 없는 영역으로 남겨 놓았다.

종이 불변의 산물이라는 개념은 지구 역사의 기간이 짧

다고 생각하던 시절에 피할 수 없는 것이었다. 우리의 정신력은 백만 년이라는 시간의 의미도 체득하지 못하며, 거의 무한수인 세대 동안 축적된 변이의 의미를 제대로 인식하지 못하고 있다. 다윈은 이 책에서 말한 그의 견해가 정반대 관념을 가진 학자들을 확신시킬 수 있을 것이라고 기대하지 않는다.

최근 어떤 생물학자들은 개개의 속에서 종으로 간주된 것 가운데 대부분은 참종(real species)이 아니라 별도의 참종이 있으며, 그것들은 하나하나 독립적으로 창조된 것이라는 의견을 발표하였다. 그러나 그들은 그 견해를 다른 종에게 확장하는 것을 거부하고 있으며, 어느 것이 참종이고, 어느 것이 2차 법칙에 의한 것인지 조차도 밝히지 않는다. 어떤 경우에는 변이를 원인으로 인정하고 또 어떤 경우에는 인정하지 않는다.

여기에 한 신학자의 편지내용을 인용하는 것은 자신의 견해에 공감하는 자가 있다는 고무의 표현일 것이다. 조물주의 창조 행위에 대한 확신이다.

These authors seem no more startled at a miraculous act of creation than at an ordinary birth. [Ref. 1, Chap. 15, p 457.]

이런 저술가들은 신비한 창조 행위를 평범하게 새끼가 태어나는 정도, 그 이상으로 여기지 않는 모양이다.

다윈이 창조를 부정한 사람이 아니고 긍정한 사람이었다는 사실을 명백히 보여주고 있다.

It has been maintained by several authors that it is as easy to believe in the creation of a million beings as of one; but Maupertuis's philosophical axiom "of least action" leads the mind more willingly to admit the smaller number; and certainly we ought not to believe that innumerable beings within each great class have been created with plain, but deceptive marks of descent from a single parent. [Ref. 1, Chap. 15, p 457.]

몇몇 저명한 저술가들은 수많은 생물체의 창조를 믿는 것은 한 생물체의 창조를 믿는 것처럼 쉽다고 주장해 왔다. 그러나

> 모페르튀스의 '최소작용'의 철학적 공리는 보다 작은 수를 더 흔쾌히 인정하도록 우리의 마음을 이끌고 있다. 분명 우리는 각각의 큰 강(綱, class) 속에 있는 수많은 생물들이 단일조상으로부터 각각 물려받은 거짓 흔적을 가지고 (개별적으로) 창조된 것이라고 믿어서는 안 된다.

여기에도 원문에 없는 '개별적으로'를 삽입하였다. 그 이유는 다음과 같다. 위의 '흔적'이란 '상동흔적'相同痕迹을 말한다. 상동이란 생물체의 기관 중 발생기원은 같으나 적자생존하며 다른 기능을 갖도록 변형된 기관을 말한다. 자연도태의 결과로 남아있는 흔적기관을 개별적 창조의 증거로 보아서는 안 된다는 뜻이다. '종의 기원'은 진화 증거의 집대성이다. 사람의 손, 긴팔원숭이의 앞발, 고양이의 앞발, 박쥐의 날개 등이 그 예이며, 이것들의 구조는 해부학적으로 유사하다. 여기서 말하는 '상동흔적'은 자연도태의 결과로 변형된 것이지, 하나님이 그것들 각각을 시시각각 개별적으로 창조했다는 뜻이 아니다. 따라서 '개별적으로'란 말이 들어가는 것이 다윈의 본뜻이다. 상동흔적은 개별적 창조의 증거가 되지 못한다. 이런 배경을 간파하지 못하고 "창조된 것이라고 믿어서는 안 된다"는 구절만을 가지고 진화론주의자들이 창조를 부정하는 것은 다윈의 본뜻과 전혀 무관한 이야기이다.

잠시 위 논제와 별도로 "사람, 긴팔원숭이, 고양이, 박쥐가 상동흔적을 가지고 있으므로 한 형태에서 나온 것인가?"라고 반문할 수 있을 것이다. 앞서 언급하였듯이 진화의 계통수 즉 분류학이란 개체의 공통성을 학자가 의도적으로 판단하여 한데 묶은 것이기 때문에 이 질문에 대한 답은 창조주의 계획 안에 있는 것이고, 우리는 그것을 영원히 알 수 없다. 그리고 이것은 강綱 이상의 문제로 다윈의 영역 밖의 일이다. 앞서 분류학, 형태학이 영원히 완성될 수 없는 학문이라고 한 것도 이런 이유 때문이다. 이것이 진화론주의자들이 생명출현을 진화로 끌고 가려는 길목이다. 생명의 출현에 관한 언급은 성경을 제외한 세상 책 어디에도 없다. 유일하게 창세기에만 있다.

> Under a scientific point of view, and as leading to further investigation, but little advantage is gained by believing

that new forms are suddenly developed in an inexplicable manner from old and widely different forms, over the old belief in the creation of species from the dust of the earth. [Ref. 1, Chap. 15, p 457.]

과학적 관점에서 연구를 더 하여 새로운 형태들이 설명이 불가한 방법으로 돌연 다른 형체로부터 발생되는 것을 믿는다 하더라도, 땅의 흙으로부터 종이 창조되었다는 오랜 확신 이상以上으로 얻어지는 것은 아무 것도 없다.

'흙으로부터 종이 창조되었다는 오랜 확신 이상으로 얻어지는 것은 아무 것도 없다'는 흙으로부터 종이 생성되었다는 단순화법이 아니다. 우리의 상상이 미칠 수 있는 한계를 지적하는 것으로, 합리적으로 설명되는 자연도태설을 인정하지 않고, 오직 '개별적 창조'만을 맹신하는 학자들의 단견을 지적하는 것이다. 진화의 개념을 확고하게 부각시키는, 진화의 긍정이지 창조의 부정이 아니다. 이런 행간을 읽어야 한다. 진화 즉 도태의 누적에 대한 그의 신념을 주지시키는 것으로, "알아듣지 못하는 사람들에게 더 이상 이야기한들 무엇하랴?"는 한탄을 뭉뚱그려 비치고 있다.

> I believe that animals are descended from at most only four or five progenitors, and plants from an equal or lesser. [Ref. 1, Chap. 15, p 458.]
>
> 나는, 동물은 많아야 넷이나 다섯의 원종으로부터 전래되었고, 식물은 그와 같거나 더 적은 수의 원종으로부터 비롯되었다고 생각한다.

생물은 계-문-강-목-과-속-종의 순서로 분류된다. 다윈은 '종의 기원' 전체를 통하여 강綱이나 목目 이상의 것을 언급한 적이 없다. 언제나 속屬 이하의 것이었다. 동물이 4~5개의 조상으로부터 유래했을 것이라는 추론은 자신이 능력의 한계를 인식하면서, 단언할 수 없으나 최소 다섯 종류의 원종은 존재했을 것이라고 추정하는 것이다. 많은 절멸의 과정이 있었으므로 원종은 더 있을 수 있다. 앞서 언급했던 "하나님이 땅의 짐승을 그 종류대로, 땅에 기는 것을 그 종류대로 만드시니 하나님이 보시기에 좋았더라(창 1:25)"와 잘 부합한다. 세상 구석구석을 모두 바라본 학자가 내리는 결론이다. 이 다섯은 종의 원점을 말한다. 이 이상은 더 알 수 없다는 독백으로 자신의 사고가 한계에 와 있음을 인식하는 것이며, 여기서 그는 창조의 문을 두드린다.

그러나 진화론주의자들의 주장은 생물의 카테고리를 넘어 무생물의 영역, 물질의 영역으로 확장되어 빅뱅(Big Bang)에까지 이른다. 진화론주의적 사고방식을 가진 자들은 모든 것이 한 점, 즉 빅뱅에서 출발하였다고 한다. 그래서 '화학진화'라는 말로 뭉뚱그린 것이다.

몇몇의 강이 존재했었다고 하는 다윈의 주장은 모든 것이 한 점에서 나왔다는 진화론주의자들의 주장과 배치되는 것이다. 그가 창조를 전제한 사람이었다는 것은 앞서 확인되었다. 진화론주의자들의 허점은 동물계에 최대 다섯 강이 있을 것이고, 식물계에 그 이하의 강이 존재할 것이라는 다윈의 주장을 간파하지 못하였거나 망각한 데 있다. 진화론주의자들은 이런 오류를 범하면서 창조론 부정의 시조가 다윈이라며, 그를 용병傭兵으로 내세워 창조론은 폐기되어야 한다고 주장하는 것이다. 다윈은 '화학진화'가 무엇인지 몰랐다. 이것은 다윈과 전혀 관계없는 바리새파적 개념이다. 그들은 단지 '진화'라는 용어만을 차용하여 활용하고 있다.

> A new variety raised by man will be a more important and interesting subject for study than one more species added to the infinitude of already recorded species. Our classifications will come to be, as far as they can be so made, genealogies; and will then truly give what may be called the plan of creation. [Ref. 1, Chap. 15, p 460.]
>
> 사람이 만든 변종은 이미 기록된 수많은 종에 추가되어 어떤 종보다도 더 중요하고 흥미로운 연구과제가 될 것이다. 그때가 되면 우리의 분류는 가능한 범주 내에서 계통학系統學이 될 것이며, 비로소 창조의 윤곽이 무엇인지 알게 될 것이다.

계통분류학에 대한 비전과 기대를 제시하고 있다. 계통

분류학이 완성되면 창조의 틀을 확인할 수 있다는 것이다. 그러나 계통수의 원점은 인간의 영역 밖의 일이므로 계통분류학은 완성될 수 없는 학문이므로 우리의 지식으로 창조론을 부정할 수 없다는 것이다. 다시 말하면 계통학이 완성되면 변이가 없던 원종을 이해할 수 있고, 그로 인하여 창조를 이해할 수 있을 것이지만 지금 우리는 변화되어 온 것만 관찰할 수 있으므로 원종을 확인할 수 없어 계통학의 완성은 영원히 불가능하다는 사실의 표현이기도 하다. 그는 자연도태 즉 진화를 긍정하되 절대로 창조의 팩트를 부정하지 않았다. 다윈은 '종의 기원'을 다음과 같이 마무리한다.

> There is grandeur in this view of life, with its several powers, having been originally breathed by the Creator into a few forms or into one; and that, whilst this planet has gone cycling on according to the fixed law of gravity, from so simple a beginning endless forms most beautiful and most wonderful have been, and are being evolved. [Ref. 1, Chap. 15, p 463.]

태초에 창조주에 의하여 몇몇 아니 한 형체 속에 여러 가지 능력과 함께 생기가 불어 넣어지면서, 이 지구가 일정한 중력 법칙에 따라 회전하고 있는 동안, 그 단순한 시작으로부터 가장 아름답고, 신비한, 수많은 생명체가 진화되어 왔고, 또 지금도 진화하고 있는 생명에 관한 견해 속에는 장엄함이 있다.

이 긴 표현은 한 문장으로 된 영문의 번역이라 대단히 난해하다. 군더더기 수식을 제거하고 축약하면 다음과 같다.

태초에 창조주가 형상 속에 생기를 불어 넣고, 거기로부터 진화가 일어나고 있다는 견해 속에는 장엄함이 있다.

'종의 기원'은 "태초에 하나님이 천지를 창조하시니라"로 막을 내린다.

III. 결론

중세인들은 생명체란 신이 만든 것이어서 절대불변이라고 믿어왔다. 변화를 말하면 이단異端으로 몰았다. 그러나 생명체가 변이 즉 진화한다는 다윈의 발견은 육안으로 확인되는 분명한 과학적 사실로서 저 잘못된 지식을 바로잡는 것이었다. 진화란 혹독하게 변하는 환경 속에서 생명체들이 생명현상을 유지하면서 적자생존의 결과로 얻어지는 자연도태의 결과이며, 종교의 교리와 관계없이 열역학 제2법칙에 의하여 진행되는 자연의 경향성이다. 과학자 다윈이 알아낸 위대한 지식이고, 현대 과학으로 증명되는 자연의 법칙(canon)이다.

그러나 진화론주의는 다윈 후대의 진화론주의자들이 다윈의 이론을 임의로 변형시켜 설정한 사고방식으로, 과학적 근거도 없고, 확인할 방법도 없다. 그러므로 진화론과 진화론주의는 엄격히 구별되어야 한다. 율법과 율법주의가 구별되어야 하는 것과 같다.

누가 창조론을 부정했느냐고 물으면 진화론주의자들은 다윈이 그랬고, 근거는 '종의 기원'이라고 한다. 그러나 다윈은 그렇게 말하지 않았다.

> Generally the term(species) includes the unknown element of a distinct act of creation. [Ref. 1, Chap. 2, p 50.]

> 일반적으로 이 용어(종)는 분명한 창조 행위라는 미지의 요소를 포함하고 있다.

다윈과 함께 '종의 기원' 속으로 들어가 삼자대면해 보았다. 다윈은 "나는 '창조'를 부정한 적이 없다. 다만 '개별적 창조'를 부정했을 뿐이다."라고 한다. 독자는 진화론주의자와 다윈 중 누구의 말이 옳은지 판단할 수 있을 것이다. '창조론과 진화론의 충돌', '창조론과 진화론의 승부', '창조론의 위기' 등으로 창조론과 진화론을 맞대놓고 창조론은 폐기되어야 할 것처럼 말하는 것은, 다윈의 정곡을 이해하지 못한 진화론주의자들의 실증 없는 사변적思辨的

지식의 기교에서 비롯된 소치 所致이다.

'종의 기원'은 성경 창세기의 내용으로 대단원의 막을 내린다.

> ······ with its several powers, having been originally breathed by the Creator into a few forms or into one; [Ref. 1, Chap. 15, p 463.]

> 태초에 창조주에 의하여 여러 가지 능력과 함께 몇몇 아니한 형체 속에 생기가 불어 넣어지면서,

이 문장은 다음에 인용된 성경 창세기 2장 7절을 포함하고 있다.

> the LORD God formed the man from the dust of the ground and breathed into his nostrils the breath of life, (NIV, Gen. 2:7)

> 여호와 하나님이 땅의 흙으로 사람을 지으시고 생기를 그 코에 불어 넣으시니 사람이 생령이 되니라(창 2:7).

다윈이 창조를 부정하였는가? 다윈은 창조를 긍정하고, 생명의 원천을 하나님에게서 찾은 사람이었다. 창조 부정의 원조는 다윈이 아니라 바리새파 진화론주의자들이다. 창조론에 진화론을 맞대놓고 그것을 부정하는 진화론주의자들의 패턴은 뉴턴의 만유인력 법칙을 신에 대한 도전으로 매도하던 사람들의 그것이다.

지나가는 개미를 잡아 손바닥에 올려놓고 "개미야, 사람은 로켓을 타고 달나라에 갔다 왔다"고 말했다. 개미는 그것을 믿을 수 없다고 한다. 무슨 소리냐고 반문하며 절대로 있을 수 없는 일이라고 펄쩍 뛴다. 그러나 개미가 부정한다하여 인간이 달나라에 갔다 왔다는 사실이 없었던 일로 될 수 없다. 개미가 우주왕복선의 사실을 이해하는 유일한 방법은 사람의 말을 믿는 믿음 외에 없다.

인간의 사고력, 지력은 전능한 자에게 개미의 지식에도 미치지 못한다. 하나님의 천지창조를 믿는 것도 이와 같다. '무조건적 믿음'의 단계를 거쳐야 한다. 믿을 수 있는 것을 믿는 것을 믿음이라고 하지 않는다. 믿을 수 없는 것을 믿는 것이 믿음이다. 하나님께서 만물을 창조하셨다는 사실을 인간이 부정하는 것이 개미의 지식으로 우주왕복선을 부정하는 것과 다를까? 말씀 한마디로 홍해바다가 갈라지고, 죽었던 자가 3일 만에 부활하는, 자연과학의 상식으로 이해되지 않는 그런 세계가 있다.

'창조'는 하늘의 일이요, '진화'는 땅의 일이다. 짧은 두레박줄로 깊은 샘물을 길을 수 없다. 모자라는 지력智力으로 섣불리 나는 안다고 말할 것이 아니다. 하늘에 귀신이 있음을 알 진대 하늘에 하나님이 있는 것은 어찌 모른단 말인가?

> 내가 진실로 너희에게 이르노니 사람의 모든 죄와 모든 모독하는 일은 사하심을 얻되 누구든지 성령을 모독하는 자는 영원히 사하심을 얻지 못하고 영원한 죄가 되느니라(막 3:28, 29).

하늘에 죄를 얻으면 빌 곳이 없다는 뜻이다(獲罪於天無所禱也). 하나님이 창조하신 생명체의 진화는 그의 질서 속에서 이 세상이 끝나는 날까지 계속될 것이다.

References

1. C. Darwin, *The origin of species*, London: J. M. Dent & Sons Ltd. New York: E. P. Dutton & Co. Inc. 1951.
2. C. Darwin, *The origin of species by means of natural selection. The descendent of man and selection in relation to sex*, Encyclopedia Britannica, Inc. 23-th, 1980.
3. 종의 기원, 박만규, 삼성출판사, 1982.
4. 종의 기원, 이민재, 을유문화사, 1989.
5. 종의 기원, 송철용, 동서문화사, 1989.
6. 종의 기원, 김창한, 집문당, 1993.
7. 종의 기원, 홍성표, 홍신문화사, 2017.
8. 진화, 창조의 상대론인가? 윤길중, 킹덤북스, 2015.
9. 과학이 여는 신앙세계, 윤길중, 킹덤북스, 2018.